Design your mind – Denkfallen entlarven und überwinden

Lizenz zum Wissen.

Sichern Sie sich umfassendes Wirtschaftswissen mit Sofortzugriff auf tausende Fachbücher und Fachzeitschriften aus den Bereichen: Management, Finance & Controlling, Business IT, Marketing, Public Relations, Vertrieb und Banking.

Exklusiv für Leser von Springer-Fachbüchern: Testen Sie Springer für Professionals 30 Tage unverbindlich. Nutzen Sie dazu im Bestellverlauf Ihren persönlichen Aktionscode **C0005407** auf *www.springerprofessional.de/buchkunden/*

Springer für Professionals.
Digitale Fachbibliothek. Themen-Scout. Knowledge-Manager.

- Zugriff auf tausende von Fachbüchern und Fachzeitschriften
- Selektion, Komprimierung und Verknüpfung relevanter Themen durch Fachredaktionen
- Tools zur persönlichen Wissensorganisation und Vernetzung

www.entschieden-intelligenter.de

Martin Sauerland

Design your mind – Denkfallen entlarven und überwinden

Mit zielführendem Denken die eigenen Potenziale voll ausschöpfen

Martin Sauerland
Wirtschaftspsychologie
Universität Koblenz-Landau
Landau
Deutschland

ISBN 978-3-658-09020-3   ISBN 978-3-658-09021-0 (eBook)
DOI 10.1007/978-3-658-09021-0

Die Deutsche Nationalbibliothek verzeichnet diese Publikation in der Deutschen Nationalbibliografie; detaillierte bibliografische Daten sind im Internet über http://dnb.d-nb.de abrufbar.

Springer Gabler
© Springer Fachmedien Wiesbaden 2015
Das Werk einschließlich aller seiner Teile ist urheberrechtlich geschützt. Jede Verwertung, die nicht ausdrücklich vom Urheberrechtsgesetz zugelassen ist, bedarf der vorherigen Zustimmung des Verlags. Das gilt insbesondere für Vervielfältigungen, Bearbeitungen, Übersetzungen, Mikroverfilmungen und die Einspeicherung und Verarbeitung in elektronischen Systemen.
Die Wiedergabe von Gebrauchsnamen, Handelsnamen, Warenbezeichnungen usw. in diesem Werk berechtigt auch ohne besondere Kennzeichnung nicht zu der Annahme, dass solche Namen im Sinne der Warenzeichen- und Markenschutz-Gesetzgebung als frei zu betrachten wären und daher von jedermann benutzt werden dürften.
Der Verlag, die Autoren und die Herausgeber gehen davon aus, dass die Angaben und Informationen in diesem Werk zum Zeitpunkt der Veröffentlichung vollständig und korrekt sind. Weder der Verlag noch die Autoren oder die Herausgeber übernehmen, ausdrücklich oder implizit, Gewähr für den Inhalt des Werkes, etwaige Fehler oder Äußerungen.

Gedruckt auf säurefreiem und chlorfrei gebleichtem Papier

Springer Fachmedien Wiesbaden ist Teil der Fachverlagsgruppe Springer Science+Business Media
(www.springer.com)

Danksagung

An dieser Stelle möchte ich mich bei denjenigen Personen bedanken, die das Zustandekommen dieses Buchs durch fachliche und persönliche Unterstützung gefördert haben.

Insbesondere danke ich Frau Sonja Gaukel, Frau Theresa Prokein und Frau Sylvia Hohwiller für ihre geduldige Auseinandersetzung mit den Details des entwickelten Messverfahrens, ebenso für ihre feingeistigen Anregungen hinsichtlich der zugrunde liegenden theoretischen Konzepte.

Ich bedanke mich auch für die beständige und vielschichtige Zusammenarbeit mit dem Springer Gabler Verlag, insbesondere danke ich Frau Eva-Maria Fürst für ihr Interesse an meinen Ideen und ihr freundliches Engagement.

Darüber hinaus möchte ich den Probanden danken, die sich bereit erklärten, im Rahmen der von mir und meinem Forscherteam durchgeführten Experimente und Befragungen teils recht persönliche Auskünfte zu geben.

Inhaltsverzeichnis

1	**Einleitung**	1
	Literatur	6
2	**Das Konzept der dysfunktionalen Kognitionen**	7
2.1	Was sind Kognitionen?	7
2.2	Was bedeutet „dysfunktional"?	8
2.3	Wann sind berufsbezogene Kognitionen dysfunktional?	11
2.4	Wie entstehen dysfunktionale Kognitionen?	12
2.5	Beziehungen zu anderen Termini	14
	Literatur	16
3	**Dysfunktionale Denkmuster**	19
3.1	Diesseits von Gut und Böse – dichotomes Denken oder Schwarz-Weiß-Denken	19
3.2	Traumwelten – kontrafaktisches Denken	23
3.3	Dein Auto, dein Haus, dein Boot – unfaire soziale Vergleiche	26
3.4	Zwischen Anspruch und Wirklichkeit – perfektionistisches Denken	29
3.5	Nicht der Rede wert – Minimierung	31
3.6	Und Überhaupt ... – Übergeneralisierungen	33
3.7	Mücke oder Elefant? – Übertreibungen	35
3.8	Nichts sehen, nichts hören, nichts sagen ... – ungeprüfte Projektionen	37
3.9	Ich denke, dass du denkst, dass ich denke ... – Mind-Reading	40
3.10	Mussturbationen und andere unangenehme Dinge – Du-Musst-/Du-Sollst-Imperative	43

3.11	Wenn ich wüsste, dass morgen die Welt unterginge ... – Katastrophisierungen	46
3.12	In Gedankenschleifen gefangen – Ruminieren	48
3.13	Einzig und allein – Reduktionismus	50
3.14	Auch gute Regeln können scheitern – heuristisches Denken	53
3.15	Einer dieser Tage – selektive Wahrnehmung	56
3.16	Schlussbemerkungen zur Identifikation und Verbreitung dysfunktionaler Denkmuster	59
	3.16.1 Die Identifikation und Messung dysfunktionaler Denkmuster	59
	3.16.2 Die Verbreitung dysfunktionaler Kognitionen im Arbeitsalltag	62
Literatur		64

4 Die Reduktion dysfunktionaler Kognitionen ... 67

4.1	Schritt 1: Die Relativität von Überzeugungen erkennen – Loslösung von der Idee wahrer Gedanken	71
4.2	Schritt 2: Motive und Ziele identifizieren – definieren, was man will	74
	4.2.1 Phantasiefragen	74
	4.2.2 Verstärkerliste	76
4.3	Schritt 3: Ideale zielführende Gedanken ermitteln – hypothetisch analysieren, welche Gedanken- und Verhaltensmuster günstig wären	77
	4.3.1 Reverse Storytelling	77
4.4	Schritt 4: Eigene Gedankenmuster entlarven – ermitteln, ob und inwieweit die eigenen Gedankenmuster dysfunktional sind	78
	4.4.1 Hinweise finden wie ein Detektiv! – die Detektion von Negationen	80
	4.4.2 Doch mal vom Schlimmsten ausgehen! – das Worst-Case-Szenario	83
	4.4.3 Hinterfragen wie ein Philosoph! – die Sokratische Methode	84
	4.4.4 Auf den Punkt bringen! – die Begründungssequenz	86
	4.4.5 Die wahren Motive entlarven! – die Wirkungsanalyse	88
	4.4.6 Daten analysieren wie ein Wissenschaftler! – das Verhaltensexperiment	90
	4.4.7 Mach genau das Gegenteil! – das intentionale Verstoßen (Acting-As-If)	92

4.4.8	Du darfst! – die paradoxe Intention	93
4.4.9	Auf sprachliche Feinheiten achten! – die Distanzierung ...	94
4.4.10	Andere sind noch schlimmer! – das Merkmalskontinuum	96
4.4.11	Man gönne ihm nichts! – die Schade-deinem-Feind-Methode	97
4.4.12	Kontrolle gewinnen! – das konkrete Ausmalen	98
4.4.13	Mit den Gedanken vertragen! – Kontrakte schließen und Stopp-Signale festlegen	99
4.4.14	Wer ist schuld? – Anteilsermittlung (Re-Attribution)	100
4.4.15	Jammerschleifen sprengen! – Denken in Lösungen	101

4.5 Schritt 5 – ideale Gedanken mit der Funktion eigener Gedankenmuster kombinieren – funktionale Gedanken- und Verhaltensmuster entwickeln 104
    4.5.1 Reaktionsliste 105
    4.5.2 Hardiness 105
    4.5.3 Ressourcen-ABC & Ressourcen-Reload 107
4.6 Zusammenfassung des Beispiels 109
Literatur 110

5 Denkhilfen für spezielle Herausforderungen 113
5.1 Leistung 113
    5.1.1 Leistungseinbußen aufgrund dysfunktionaler Kognitionen 113
    5.1.2 Ein Training zur Reduktion demotivierender, leistungsmindernder Kognitionen 118
5.2 Stress und Burnout 123
    5.2.1 Stressgedanken 123
    5.2.2 Hardiness als Stresspuffer 124
5.3 Absentismus und Präsentismus 126
    5.3.1 Fehlzeiten aufgrund irrationaler Überzeugungen 126
    5.3.2 Gesundes Führen zur Vermeidung von Absentismus und Präsentismus 128
5.4 Change-Prozesse 129
    5.4.1 Widerstand gegen Veränderungen 129
    5.4.2 Die geistige Offenheit für Veränderungen 131
5.5 Weitere Bereiche 134
Literatur 140

6 Fazit und Zusammenfassung 147
   6.1   Fazit 147
   6.2   Zusammenfassung 148

Der Autor

Dr. phil., Dipl.-Psych. Martin Sauerland Studium der Psychologie und Philosophie an der Bergischen Universität Wuppertal. Promotion zum Dr. phil. an der Universität Regensburg. Derzeit Akademischer Oberrat an der Universität Koblenz-Landau im Bereich Wirtschaftspsychologie. Forschungsschwerpunkt: Dysfunktionale Kognitionen im Arbeitskontext. Veröffentlichungen in renommierten internationalen Fachzeitschriften zu einschlägigen Themenkreisen.

Einleitung 1

Haben Sie schon einmal darüber nachgedacht, wie es wäre, einen anderen Beruf auszuüben? Die überwiegende Mehrzahl der Berufstätigen bejaht, gemäß meinen eigenen Untersuchungen, diese Frage. Sich diese Frage zu stellen und daraufhin zu analysieren, mit welchen Vor- und Nachteilen ein Berufswechsel einherginge und unter welchen Rahmenbedingungen dieser erfolgreich realisiert werden könnte, stellt offenkundig einen durchaus funktionalen mentalen Akt dar: Wie sonst, wenn nicht durch die geistige Simulation von Alternativzuständen, sollte ein Individuum je in der Lage sein, Möglichkeiten zur Verbesserung seines aktuellen Zustandes zu entdecken und diese systematisch herbeizuführen?[1] Das dabei an den Tag gelegte so genannte *kontrafaktische Denken* („Was wäre, wenn …?") kann somit durchaus zielführend und funktional sein.

Je nach subjektiver Wahrnehmung der Situation kann sich die Abwägung der Vor- und Nachteile eines Berufswechsels beispielsweise zu der folgenden Überzeugung verdichten: „Hätte ich doch besser einen anderen Job gewählt!". Meinen eigenen Untersuchungen zufolge hat sich diese Überzeugung in der Tat in den Köpfen zahlreicher Berufstätiger festgesetzt.

Selbstverständlich könnte man durch solche Gedankengänge auch zu der Einsicht gelangen, dass eine berufliche Veränderung insgesamt keinen Vorteil gegenüber dem aktuell ausgeübten Beruf mit sich bringen würde und es aus diesem Grund vernünftiger wäre, eher Entwicklungschancen im Rahmen des derzeitigen Berufs zu suchen und zu nutzen oder sich diese sogar selbst zu verschaffen. Am

---

[1] Sofern die Entdeckung und Herbeiführung einer Zustandsverbesserung nicht dem Zufall geschuldet sein soll.

© Springer Fachmedien Wiesbaden 2015
M. Sauerland, *Design your mind – Denkfallen entlarven und überwinden*,
DOI 10.1007/978-3-658-09021-0_1

Ende solcher Erwägungen könnte wiederum die Überzeugung stehen: „Derzeit gibt es keine bessere Alternative zu meinem Job!". Auch dieser Gewinn an Klarheit wäre somit ein Endergebnis eines durchaus funktionalen geistigen Aktes.

Diese Überzeugungen, welche beide – je nach subjektiver Wahrnehmung der Situation – aus dem Bemühen erwachsen können, eine Antwort auf die Frage „Wie wäre es, wenn ich einen anderen Job ausüben würde?" zu geben, sind solange funktional, wie sie einsichtskonsistentes, zielführendes Verhalten nach sich ziehen.

Aus meinen Untersuchungen geht zwar hervor, dass viele Berufstätige solche Überzeugungen wie „Hätte ich doch besser einen anderen Job gewählt!" wöchentlich mehrfach repetieren, entsprechende Gedanken geradezu kultivieren, jedoch ziehen sie daraus keinerlei verhaltensbezogene Konsequenz. Häufig stellen solche Überzeugungen auch lediglich einen pauschalen Reflex auf aversive Situationen im derzeitigen Beruf dar und werden nicht im Detail analysiert. Sowohl die geprüfte Überzeugung, die keinerlei zielgerichtetes Verhalten nach sich zieht, als auch der unreflektierte Gedanke, der einer genauen Prüfung gar nicht erst unterzogen wird, führen dazu, dass das Jammern über den widrigen aktuellen Zustand persistiert, gar die Optik für die positiven Aspekte des ausgeübten Berufs verstellt wird und es auch nahezu ausgeschlossen ist, dass sich bietende Gelegenheiten im Rahmen des derzeitigen Jobs erkannt oder eigene Gestaltungsmöglichkeiten erwogen werden; zugleich wird aber auch kein konkreter Plan für einen Jobwechsel erstellt. Letzteres mag spezifischere Gründe haben, werden Sie vielleicht einwenden: Es mag für einen Wechsel zu spät sein, bestimmte Bedingungen sind nicht gegeben, ein Wechsel beinhaltet ein inakzeptables Risiko, der richtige Zeitpunkt wird erst noch kommen, alle Jobs haben negative Aspekte etc. Warum sich dann aber weiterhin mit einer kontrafaktischen Überzeugung belasten, die in ihrer undifferenzierten Form nichts als Schaden stiftet und somit für eine betroffene Person hochgradig dysfunktional ist?

Eine sinnvollere Vorgehensweise besteht darin, ein differenziertes, funktionales mentales Design für diese Situation zu entwickeln. Nun ist den meisten Personen allerdings nicht bekannt, wie Überzeugungen und Gedankenmuster verändert werden können. Dieses Buch jedoch zeigt Möglichkeiten auf, die eigene Gedankenwelt systematisch zu gestalten und ein zielführendes Mind-Design zu kreieren, um mit schwierigen Situationen, für die ein möglicher Berufswechsel nur ein veranschaulichendes Beispiel darstellt, effizienter umgehen zu können.

Menschen gründen in der Tat basale Lebensentscheidungen auf irrationale Überzeugungen, viele richten ihr gesamtes Leben nach unhinterfragten Glaubenssätzen aus und leiden, ohne dies zu durchschauen, dauerhaft unter dysfunktionalen Denkmustern.

1 Einleitung

Der Einfluss, den dysfunktionale Denkmuster auf Menschen auszuüben imstande sind, ist beeindruckend. Gleichermaßen beeindruckend ist die ungeheure Tragweite, die eine Reduktion dysfunktionaler Denkmuster entfalten kann: Welche ungeahnten Erweiterungen des Handlungsrepertoires könnten sich für eine Person eröffnen, die sich aus rigiden geistigen Entweder-oder-Strukturen zu lösen vermag und plötzlich imstande ist, in Sowohl-als-auch-Relationen zu denken? Welche drastischen Auswirkungen auf die Ausschöpfung der Leistungspotenziale einer Person kann es haben, wenn sie von nun an mit Freude ihre Arbeit verrichten kann, weil sie sich aus dem Würgegriff unrealistischer, perfektionistischer Ansprüche befreit hat? Mit welch schlagartiger Wucht verbessert sich das Leben einer leidenden Person, wenn sie plötzlich die mentale Kompetenz besitzt, eine positive Einstellung zum Leid aufzubauen? Mit welchen Veränderungen des Engagements, Einsatzwillens und der Leistungsbereitschaft werden eben solche Erkenntnisse auch für eine Person einhergehen, die bislang der Überzeugung unterlag, dass man sich möglichst schonen und das Leben tunlichst anstrengungslos zum Erfolg führen sollte? Welche radikalen Konsequenzen könnte es für die Lebensführung einer Person haben, wenn sie plötzlich begreift, dass sie nicht immer bei allen Personen beliebt sein muss?

Beispiel aus der Praxis – Holger K. über seine Erfahrungen mit dysfunktionalen Kognitionen

„Ich war verblüfft und fasziniert zugleich von den Einsichten, die ich im Coachingprozess bezüglich dysfunktionaler Kognitionen gewonnen hatte; sogar ein bisschen verärgert über mich selbst. Jahrelang habe ich in der Abteilung hart gearbeitet und kam doch nicht richtig voran, der Erfolg blieb aus. Lange dachte ich, dies ginge auf bestimmte Sachprobleme zurück, die ich, wenn schon nicht in diesem dann doch im nächsten Jahr durchaus lösen könnte. In Wahrheit jedoch ging es nur vordergründig um Sachprobleme. Die eigentliche Ursache dafür, dass ich karrieretechnisch hinter meinen Möglichkeiten zurückblieb, ging auf mich selbst zurück, auf ein fatales Denkmuster nämlich, das mein Handeln bestimmte: ‚Ich muss immer bei allen beliebt sein!' – diese Überzeugung war so tief in mir verwurzelt, dass mir nicht einmal bewusst war, dass sie mein tägliches Handeln leitete. Doch das tat sie: Ich versuchte, es jedem meiner Mitarbeiter recht zu machen. Ich war in Zielvereinbarungsgesprächen nachgiebig. Ich übernahm Aufgaben von Mitarbeitern, wenn ich sah, dass sie Schwierigkeiten damit hatten. Ich versuchte insgesamt, nichts Unangenehmes zu delegieren. Ich verbrachte viel Zeit damit, Konflikte unter den Mitarbeitern zu moderieren, ließ anderen in prestigeträchtigen Projekten den Vortritt. Ich hatte Schwierigkeiten,

Bitten von Kollegen abzulehnen und vieles mehr. Beliebt war ich im Kollegium, ein wahrer Sympathieträger, nett eben. Heute respektieren mich Mitarbeiter und Kollegen ebenso, vielleicht sogar noch mehr, gleichzeitig jedoch bin ich deutlich erfolgreicher und zufriedener mit mir selbst. Ich habe die Überzeugung, immer bei allen beliebt sein zu müssen, nicht aus meinem Kopf verbannt, sie nicht umkehren müssen oder Ähnliches, ich habe sie aber so differenziert, dass mir ein erfolgreicheres Handeln möglich wurde", so Holger K., mittlerweile Abteilungsleiter in einem Unternehmen der Automobilzuliefererindustrie.

Es existieren zahlreiche Lebens- und Aufgabenbereiche, in denen Personen unnötig gehemmt, blockiert, angespannt, belastet, unglücklich, demotiviert und leistungsschwach sind, allein aufgrund bestimmter unhinterfragter Glaubenssätze, irrationaler Überzeugungen oder zielwidriger, dysfunktionaler Kognitionen, deren Beseitigung offenkundig ein ungeahntes Leistungspotenzial freizusetzen vermag. Dieses Buch kann dabei helfen, dieses Leistungspotenzial zu entfalten. Die in diesem Buch vorgestellten Techniken zielen darauf ab, 1) eine möglichst realistische Selbst- und Situationseinschätzung zu fördern, 2) komplexes Denken zu stimulieren, 3) eine Erweiterung und Flexibilisierung des Handlungsrepertoires herbeizuführen, 4) die Ausschöpfung von Leistungspotenzialen zu ermöglichen und 5) die Toleranz für Belastungen zu erhöhen.

Kein anderer Forschungsgegenstand der Psychologie hat eine derartige Faszination auf mich ausgeübt wie derjenige der dysfunktionalen Kognitionen. Durch keinen anderen erhält man einen derart direkten Zugang zur geheimnisvollen Welt des menschlichen Denkens. Keine anderen Erkenntnisse haben mein eigenes Leben derart radikal verändert wie die in diesem Buch dokumentierten. Mir ist keine Person bekannt, die nicht mit dysfunktionalen Kognitionen konfrontiert wäre und bei der die Begegnung mit den in diesem Buch vorgestellten Einsichten nicht imponierende Spuren hinterlassen hätte. Das Thema verblüfft Personen in aller Regel, sie erkennen sich selbst wieder, entlarven ihre bislang für unerschütterlich wahr gehaltenen Überzeugungssysteme als irrational und sind letztlich imstande, sich aus Denkstrukturen zu befreien, unter denen sie Jahre und Jahrzehnte gelitten haben oder die sie in der einen oder anderen Form eingeschränkt haben.

Doch wie ist dies möglich? Es scheint zunächst abwegig zu sein, dass der kognitive Apparat mit seinen Zielen, Motiven, Erkenntnissen, Überzeugungen und Gedanken ebenso (um)gestaltet werden könnte wie die Dinge der physikalisch-sachlichen Welt. Gedanken scheinen die Sachverhalte und Phänomene der Welt bloß passiv abzubilden und dies zudem noch recht automatisch. Somit erscheint es nicht nur abwegig, dass Personen dazu imstande sein könnten, die eigene Gedankenwelt strategisch zu konstruieren, vielmehr noch, es erscheint riskant, denn damit könnte ja eine Verzerrung eben dieser Realitätsabbildung einhergehen. Dieses Buch zeigt jedoch, dass es durchaus möglich ist, den eigenen geistigen Apparat, die eigene Gedankenwelt strategisch zu gestalten. Es ist möglich, ein funktionales mentales Design zu erschaffen. Dies gelingt umso besser, je gründlicher dysfunktionale Gedankenmuster zurückgedrängt werden, je systematischer Überzeugungen konstruiert werden, je weniger zufällig und je gebündelter der kognitive Apparat strategisch ausgerichtet wird. Friedrich Nietzsche gab die diesbezügliche Programmatik vor: „Du solltest Herr über dich werden ... Du solltest Gewalt über dein Für und Wider bekommen und es verstehen lernen, sie aus und wieder einzuhängen, je nach deinem höheren Zwecke." (Nietzsche 1878, S. 443). Wie man dies genau bewerkstelligen kann, ist der Hauptgegenstand des vorliegenden Buchs.

Dass es nun gute und schlechte gedankliche Gestalten, nützliche und weniger nützliche geistige Konstruktionen, künstlerisch unterschiedlich filigrane mentale Designs gibt, liegt auf der Hand. Wonach bemisst sich dieser Urteilsstandard? Welches Kriterium könnte angesetzt werden, um Gedankenmuster als nützlich, optimal, rational oder funktional zu beurteilen?

Gesetzt den Fall, es gibt keine Letztbegründungen, keinen archimedischen Punkt, von dem aus alle Erkenntnis abgeleitet werden könnte, gesetzt, es gibt keine äußere, objektive Wahrheit und auch keinen absoluten Sinn, den man auffinden könnte (s. dazu Kap. 4), dann bleiben die eigenen Bedürfnisse und Motive übrig, die den fraglichen Maßstab darstellen: Eignet sich das Gedankensystem einer Person, um deren Bedürfnisse nachhaltig und effizient zu befriedigen? Sind ihre Überzeugungen zielführend oder hemmen sie die Person eher bei der Zielerreichung? Muss ein Ziel, ein Zweck, ein Bedürfnis zugunsten eines priorisierten zurückgedrängt oder modifiziert werden? Die in diesem Buch vorgestellten Techniken dienen letztlich genau diesem skizzierten Zweck: die Förderung der Fähigkeit, eigene Ziele effizienter zu erreichen oder eigene Bedürfnisse nachhaltiger zu befriedigen.

In keinem Lehrbuch der Arbeits-, Personal- oder Wirtschaftspsychologie findet man derzeit explizit ein Kapitel über Denkmuster von Mitarbeitern und Führungskräften. Bestenfalls im Zusammenhang mit Problemlösekompetenzen, Stresskognitionen, Entscheidungsfindungsprozessen oder dem Karrierecoaching werden sich entsprechende Randbemerkungen auffinden lassen. Die Bedeutung, die Denkmuster für fundamentale Bereiche des Arbeitslebens haben, ist mithin noch weitgehend unentdeckt und unerforscht. Eine Zielsetzung dieses Buches besteht daher auch darin, die Bedeutung der Thematik „dysfunktionale Kognitionen" explizit für wirtschaftspsychologische Problemkreise darzulegen und für arbeitspsychologische Belange fruchtbar zu machen.

Im vorliegenden Buch wird von der Annahme ausgegangen, dass Menschen in ihrem Arbeitsalltag häufig mit dysfunktionalen Kognitionen konfrontiert sind.

Nach einigen allgemeinen Erläuterungen zum Konzept der dysfunktionalen Kognitionen im Arbeitskontext in Kap. 2 *(Definitionen, Beispiele etc.)* werden die wesentlichen dysfunktionalen Denkmuster in Kap. 3 herausgearbeitet. Anschließend wird auf dieser Grundlage in Kap. 4 skizziert, wie dysfunktionale Kognitionen im Rahmen eines kognitiv-behavioral ausgerichteten 5-Stufen-Programms reduziert und durch funktionale Kognitionen substituiert werden können. Kapitel 5 geht auf dysfunktionale Gedanken ein, welche die Leistungsbereitschaft von Mitarbeitern und Führungskräften in spezifischen Bereichen wirtschaftspsychologisch relevanten Verhaltens mindern können: Dysfunktionale Kognitionen wirken sich demnach negativ auf die *Leistung* aus, sie begünstigen *Stress und Burnout*, sie fördern *Absentismus und Präsentismus* und torpedieren *Change-Projekte*. Diese Themenfelder werden unter einer kognitiv-behavioralen Perspektive neu beleuchtet. Das Buch endet mit einer Zusammenfassung und einem Resümee in Kap. 6.

Literatur

Nietzsche, F. (1999). *Menschliches, Allzumenschliches.* Berlin: De Gruyter. (Originalarbeit erschienen 1878).

Das Konzept der dysfunktionalen Kognitionen 2

Der Gegenstandsbereich dieses Buchs bezieht sich auf sogenannte „dysfunktionale Kognitionen", und zwar primär auf solche, die im Arbeitsalltag auftreten.

Im Folgenden wird skizziert, wie sich dieser Terminus konzeptualisieren lässt; d. h., wie die Begriffe „Kognition" und „dysfunktional" definiert werden können und wie demgemäß der gesamte Terminus „dysfunktionale Kognitionen" zu verstehen ist. Anschließend wird der Terminus in den Kontext verwandter Konstrukte gestellt, wie „irrationale Überzeugungen", „Denkfehler", „automatische Gedanken" und „Denkmuster". Dabei werden auch einige Thesen zur Herkunft solcher dysfunktionalen Gedanken erörtert.

2.1 Was sind Kognitionen?

▶ Der Begriff *Kognition* leitet sich vom lateinischen Wort „cognitio" ab und bedeutet „Erkenntnis" oder „Erfahrung" (z. B. Mittelstraß 2004). In der modernen Psychologie umfasst der Begriff jedoch sämtliche Strukturen, Ereignisse und Vorgänge der menschlichen Informationsverarbeitung, insbesondere Wahrnehmungs-, Erinnerungs- und Vorstellungsprozesse sowie Denkvorgänge, Erwartungen und Überzeugungen.

In diesem Buch wird es zuvorderst um diejenigen Komponenten des Konstrukts „Kognition" gehen, welche sich auf Denkprozesse und Überzeugungen beziehen. Doch was ist Denken?

Denken ist Problemlösen! – So könnte eine, wenn auch nicht auf alle, so doch auf viele Denkprozesse zutreffende Antwort lauten. Das Denken ist nämlich in der Regel darauf ausgerichtet, einem Organismus dabei zu helfen, bestimmte motivationale Ziele zu erreichen und Hindernisse zu beseitigen, die der Erreichung dieser Ziele entgegenstehen (Anderson 2001). Kognitionen sind daher ihrer Beschaffenheit nach Problemlöseprozesse (vgl. Newell 1980; Tolman 1932). Bei der Konfrontation mit einem Problem (z. B. bei Hunger an Nahrung zu gelangen) werden nach bestimmten Prinzipien Problemlöse-Operatoren generiert und ausgewählt (z. B. durch Muskelbewegungen (= *Operator*) die Distanz zu etwas Essbarem vermindern (= *Auswahlkriterium*)). Die Auswahl der Operatoren, die von einem Organismus vorgenommen wird, reduziert den „Raum" möglicher Existenzzustände und erlaubt dem Organismus im optimalen Fall die schnelle Überführung eines zumeist aversiven Ausgangszustands in einen erwünschten Zielzustand, womit das Problem gelöst ist. Das Denken ist integraler Bestandteil aller Phasen eines solchen Problemlöseprozesses.

Die These, dass Kognitionen letztlich problemlösende Instrumente sind, die keine wesentlich andere Funktion haben als diejenige, Lebewesen in ihrem Streben nach grundlegenden Bedürfnissen zu unterstützen, ist weder selten noch neu. Ein eifriger Verfechter dieser Position war schon Friedrich Nietzsche, der das dabei im Vordergrund stehende Balancespiel verschiedener konfligierender Bedürfnisse erkannte. Für Nietzsche nämlich ist Denken „nur ein Verhalten dieser Triebe zueinander" (Nietzsche 1886/1999, S. 54). Typischerweise gebrauchen Menschen das Wort „Denken", wenn sie Prozesse des Problemlösens benennen, und ihre Probleme wiederum beziehen sich zumeist darauf, ihre verschiedenen Motive und Bedürfnisse zu koordinieren. Doch was kann daran dysfunktional sein?

2.2 Was bedeutet „dysfunktional"?

▶ Das Wort „*dysfunktional*" setzt sich aus dem griechischen Präfix *dys* (= schlecht) und dem lateinischen Wort *functio* (= Verrichtung) zusammen und drückt damit die ineffiziente Leistungsfähigkeit und den unzweckmäßigen Charakter einer Sache aus.

Kognitionen sind reflexive Akte, die anschaulich oder sprachlich kodiert sein können. So kann die mentale Repräsentation des derzeitigen Zustands eines Organismus oder auch die mentale Simulation eines erwünschten Zielzustands beispielsweise visuell-anschaulich verfasst sein – man hat ein Bild vor Augen. Überlegungen darüber, welches Verhalten am ehesten zur Zielannäherung führt, können

2.2 Was bedeutet „dysfunktional"?

hingegen beispielsweise in Form eines von verschiedenen Motiven angestoßenen inneren sprachlichen Diskurses vollzogen werden – man argumentiert innerlich mit sich selbst.

Sowohl die mentalen Repräsentationen des Ausgangs- und des Zielzustands wie auch Überlegungen hinsichtlich geeigneter Zielannäherungsoperatoren können mehr oder weniger funktional, d. h. mehr oder weniger effizient und nachhaltig für eine Person sein. Die mentale Repräsentation des Ausgangszustandes kann zum Beispiel durchaus *selektiv* sein, und zwar in der Weise, dass ausschließlich aversive Facetten des aktuellen Zustands wahrgenommen werden. Die mentale Repräsentation des Zielzustandes kann von *Rigidität* gekennzeichnet sein, beispielsweise als ein *absolut zu erreichendes Muss ohne Alternativen*. Die Auswahl und Effizienzsimulationen von Problemlöse-Operatoren – welche Verhaltensweisen führen nicht, welche führen am ehesten zum Ziel – können logisch *widersprüchlich*, empirisch *schlecht belegt* oder *eingeschränkt* im Sinne eines One-Best-Way-Denkens sein. Es ist somit nicht abwegig, Denken primär als Problemlöseprozess zu konzeptualisieren, der funktional oder eben auch dysfunktional sein kann.

Ein Beispiel: Eine Person steht unmittelbar vor einer Produktpräsentation bei einem wichtigen Kunden. Beim Aufbau des Notebooks und dem Anschließen des Beamers stellt die Person fest, dass der Beamer nicht funktioniert. Sie ist also mit einem Problem konfrontiert. Das Problem setzt sich strukturell wie folgt zusammen: 1) Der Ausfall des Beamers kann als *aversiver Ausgangszustand* bezeichnet werden, da beabsichtigt war, den Kunden mit einer ausgezeichneten Präsentation zu beeindrucken. Der Ausfall des Beamers jedoch lässt dies unmöglich erscheinen. Dies verärgert und frustriert die Person – sie befindet sich in einem aversiven Zustand. 2) Die Vorstellung davon, wie die Situation eigentlich beschaffen sein sollte, deckt sich nicht mit der tatsächlichen Situation. Die Person hatte eine einwandfrei funktionierende Technik erwartet, mit deren Hilfe dem Kunden das Produkt auf ideale Weise hätte illustriert werden können. Dies hätte den Kunden sicherlich von dem Produkt überzeugt und zu dem erwünschten Vertragsabschluss geführt. Dies kann als der anvisierte *begehrenswerte Zielzustand* bezeichnet werden. 3) Die Person beginnt nun zu überlegen, auf welche Weise der aktuelle aversive Ausgangszustand doch noch in den erwünschten Zielzustand überführt werden kann. Sie prüft zunächst sämtliche Stromverbindungen, sie testet einige Tastenkombinationen am Notebook, bis sie schließlich auf die Idee kommt, einen „Ersatzbeamer" aus dem benachbarten Sitzungsraum zu beschaffen und anzuschließen. Sollte dort keiner vorhanden sein, könnte der Kunde das Produkt auch ohne veranschaulichende Präsentation selbst explorieren. Die Person sucht also nach Wegen und Mitteln, d. h. nach *Operatoren* (z. B. einen „Ersatzbeamer" anzuschließen), die geeignet sind, den erwünschten Zielzustand herbeizuführen und damit das vorliegende Problem zu lösen.

Dysfunktionale Kognitionen können den beschriebenen Problemlöseprozess auf mannigfaltige Weise torpedieren. Zunächst ist denkbar, dass der Person der Ausfall des Beamers vor dem Kunden peinlich ist, weil sie denkt, dies würde unprofessionell wirken. Dieser vermeintliche Mangel an Perfektion belastet die Person, absorbiert ihre Aufmerksamkeit und lässt sie vor dem Kunden unsicher und überfordert wirken. Die mentale Repräsentation des Ausgangszustandes ist in einem solchen Fall somit hochgradig *selektiv* – es werden ausschließlich und überakzentuiert die Nachteile der Situation wahrgenommen. Die mentale Simulation des Zielzustandes kann ebenfalls verzerrt sein: Wird der Zielzustand zum Beispiel als ein *absolutes, alternativloses Muss* wahrgenommen, verschwendet die Person die Zeit des Kunden mit wiederholten aussichtslosen Versuchen, den defekten Beamer doch noch in Gang zu bringen – Zeit, die sie besser zum sympathiestiftenden Networking im verbalen Dialog oder zur gemeinsamen Suche nach alternativen Präsentationsmöglichkeiten hätte nutzen können. Die Vielfalt der über eine Beamer-Präsentation hinausgehenden Möglichkeiten, das Produkt anzupreisen, wird bei einer rigiden Zielvorstellung natürlich übersehen. Darüber hinaus beeinflussen dysfunktionale Denkmuster insbesondere die Operatorensuche und -auswahl. Durch dysfunktionale Denkmuster findet die Suche nach geeigneten Problemlöse-Operatoren oftmals nur in höchst eingeschränkter Weise statt. So könnte es in dem Beispiel sogar sein, dass die Person nicht einmal auf die Idee kommt, einen „Ersatzbeamer" aus dem benachbarten Raum zu beschaffen. *Reduktionistisches Denken* beispielsweise würde dazu führen, dass die Person davon ausgeht, solche Probleme ließen sich ohnehin nur auf eine Weise lösen: Sie hätte nämlich einen eigenen Beamer mitnehmen müssen, und da sie dies nicht getan hat, stellt sie keine weiteren Überlegungen zur Problemlösung mehr an.

Problemlöseprozesse laufen somit nicht immer optimal ab. Die Operatorenauswahl, die einen Organismus dazu befähigen soll, schnell, effizient und nachhaltig von einem aversiven Ausgangszustand in einen motivational angenehmeren Zielzustand zu wechseln, kann systematisch verzerrt sein. Problemlöseprozesse finden nicht in einem Vakuum statt, sie sind vielmehr eingebunden in ein komplexes Netzwerk etablierter Erfahrungen, persönlicher Motive und darauf basierender Schlussfolgerungen, sie wurden durch Erfolge und Misserfolge in ähnlichen Situationen geprägt. Die Auswahl von Problemlöse-Operatoren wird durch solche Faktoren mitbestimmt und kann – je nach deren Beschaffenheit – somit auch suboptimal, tendenziös und eingeschränkt vonstattengehen. Das zugrunde liegende Denken wäre somit unter anderem dann als dysfunktional zu klassifizieren, wenn eine suboptimale Operatorenauswahl stattfindet, die es einem Organismus eben nicht erlaubt, auf unmittelbarem Weg vom Ausgangs- zum Zielzustand zu gelangen. Im Folgenden wird der Begriff dysfunktional daher oft vereinfachend mit dem Ausdruck *nicht-zielführend* gleichgesetzt.

Im phänomenalen Erleben von Personen macht sich die Dysfunktionalität von Denkprozessen aufgrund ineffizienter oder wenig nachhaltiger Bedürfnisbefriedigung somit in Frustration und Enttäuschung bemerkbar. Auch in geringer Leistung, vergleichsweise langsamer Zielannäherung und einem Mangel an Erfolgserlebnissen manifestieren sich dysfunktionale Denkprozesse. Ein Hinweis auf dysfunktionale Denkprozesse müsste demnach ein subjektiv ausgeprägter Leidensdruck sein. Nach Beck schlägt sich die Dysfunktionalität letztlich in einer pessimistischen Optik auf die Person selbst, die Welt und die Zukunft nieder (Beck 1991, 1995).

2.3 Wann sind berufsbezogene Kognitionen dysfunktional?

Wie aus den bisherigen Ausführungen abgeleitet werden kann, sind Gedanken als dysfunktional zu bezeichnen, wenn sie beispielsweise das Handlungsrepertoire einer Person massiv einschränken, wenn sie das Verhalten der Person ganz allgemein hemmen und wenn sie somit der Zielerreichung und Bedürfnisbefriedigung entgegenstehen.

Im Arbeitsalltag geht es häufig um eine möglichst effiziente Ausführung von Arbeitsaufträgen, um eine entsprechende Leistungserbringung, aber auch um die Zufriedenheit mit beruflichen Rahmenbedingungen (z. B. Gehalt, Beziehungen zu Kollegen) und um die Frage, ob die Arbeitsinhalte zentrale Bedürfnisse von Mitarbeitern und Führungskräften befriedigen. Gedanken, die sich auf solche berufsbezogenen Sachverhalte beziehen, können ebenfalls dysfunktional im oben definierten Sinn sein.

Berufsbezogene dysfunktionale Kognitionen sind demnach mentale Prozesse, welche die Leistung und Motivation von Mitarbeitern und Führungskräften negativ beeinflussen und zu Verhaltensweisen führen, die berufsbezogenen-individuellen und organisationalen Zielen entgegenstehen.

Einige Beispiele für solche berufsbezogenen dysfunktionalen Kognitionen (vgl. Sauerland und Reich 2014), die im Rahmen einer Befragung von Mitarbeitern und Führungskräften verschiedener Unternehmen im Jahr 2012 gewonnen wurden, sind nachfolgend aufgelistet:
„*Ich kann kein Mathe!*",
„*Wenn ich das doch bloß nicht machen müsste!*",
„*Entweder so oder gar nicht!*",
„*Ich muss das allein schaffen!*",
„*Da geht bestimmt etwas schief!*",
„*Ich muss eine Lösung finden, sonst sind alle von mir enttäuscht!*",

„Mein Chef hat mich heute nicht gegrüßt, er hat bestimmt ein generelles Problem mit mir!",
„Da kann man ohnehin nichts machen!",
„Hätte ich mich damals doch für einen anderen Job entschieden!",
„Nur mit den richtigen Beziehungen kann man erfolgreich sein!",
„Heute ist wirklich alles schiefgelaufen!",
„Die anderen hier sind besser als ich!".

Es ist prima facie ersichtlich, dass solche Gedanken eher demotivierenden denn motivierenden, eher leistungsmindernden denn leistungssteigernden, eher zielhemmenden denn zielfördernden, eher einschränkenden denn ideenerweiternden und eher belastenden denn befreienden Charakter haben.

Solche Kognitionen stellen keine Ausnahmeerscheinungen bei Mitarbeitern und Führungskräften dar. Im Gegenteil: Sie sind erstaunlich weit verbreitet (vgl. dazu Kap. 3). Wie aber können solche Kognitionen bei völlig gesunden Personen entstehen? Allgemeiner noch: Wie können sie bei Repräsentanten einer Spezies entstehen, welche sich in der Evolutionsgeschichte gerade hinsichtlich ihres Problemlösegebarens derart bewährt hat?

2.4 Wie entstehen dysfunktionale Kognitionen?

Dysfunktionale Kognitionen können durch persönliche Erfahrungen (z. B. ein Misserfolgserlebnis), Beobachtungen anderer Menschen („Mein Nachbar ist wohlhabender als ich!", „Meine Eltern trauen sich das auch nicht zu!"), Sozialisationsprozesse (z. B. internalisierte Leistungsimperative) oder individuelle Motive (z. B. Furcht vor sozialer Zurückweisung) entstehen (vgl. z. B. Beck et al. 1999; Ellis 1982).

Damit verbundene Erfahrungen (z. B. Misserfolgserlebnisse) etc. werden sodann oft auf andere Lebensbereiche generalisiert, auf die Zukunft projiziert oder sie werden hinsichtlich bestimmter Facetten selektiv interpretiert oder abstrahiert. Durch Denkfehler dieser Art werden auch neuartige Situationen (z. B. Prüfungssituationen im Allgemeinen) bevorzugt im Licht der entstandenen Überzeugung (z. B. „So etwas kann ich nicht!") wahrgenommen (z. B. als potenzielle Misserfolgsgefahr) (Beck et al. 1999).

Solche „Denkfehler" können unter Umständen durchaus eine Schutzfunktion für Personen beinhalten: Generalisierungen („Ich kann keine Sprachen lernen!") können zum Beispiel dazu führen, dass weitere Misserfolge beim Sprachenlernen vermieden werden, weil aufgrund der generalisierten Überzeugung ein eher technischer Beruf ergriffen wird. Kontrafaktisches Denken („Hätte ich doch einen anderen Job gewählt!") kann dazu führen, dass Bedingungen für erfolgreicheres

2.4 Wie entstehen dysfunktionale Kognitionen?

Handeln durch die Wahl eines geeigneteren Berufs ausgelotet werden. Katastrophisierende Vorstellungen der Zukunft („Wenn ich dabei einen Fehler mache, wird mir gekündigt!") können dazu führen, dass sich Personen Hilfe suchen, um das drohende Ereignis abzuwenden. Eskalierte negative Erwartungshaltungen (Fortune-telling: „Damit werde ich für den Rest meines Lebens zu kämpfen haben!") könnten im Sinne eines motivationalen Selbstappells fungieren, doch noch etwas zu unternehmen, um das Negative abzuwenden oder Strategien zu entwickeln, um mit dem eventuellen Worst Case umgehen zu können. Prima facie ist es paradox, aber solchen Kognitionen wohnen häufig durchaus bestimmte funktionale Aspekte inne – schließlich werden auch diese Kognitionen von bestimmten Bedürfnissen getrieben (vgl. Nietzsche 1999).[1]

Solche Denkfehler verdichten sich zumeist jedoch zu dysfunktionalen Kognitionen, irrationalen Überzeugungen und unhinterfragten Glaubenssätzen (z. B. „Ich kann keine Sprachen lernen"), die ihrerseits per se wahrnehmungs- und handlungsleitend sind.[2] Zielsetzungen fallen dadurch zum Beispiel anspruchsloser aus, Personen vermeiden bestimmte Leistungsbereiche vollständig oder sind bei der Konfrontation mit diesen blockiert, gehemmt und nehmen Handlungsoptionen nur eingeschränkt wahr. Dysfunktional sind solche Kognitionen somit, weil sie zumeist das Wohlergehen, die Zielsetzungen und die Bedürfnisbefriedigung einer Person eher unterwandern als fördern. Irrational sind sie häufig, weil es ihnen an logischer Konsistenz und empirischer Bewährtheit mangelt – sie basieren auf systematischen Denkfehlern und fehleranfälligen heuristischen Schlüssen (Ruscio 2010), sie sind extrem, rigide, selektiv, unpragmatisch, absolutistisch oder realitätsfern (Choudhury 2013).

---

[1] Zum Teil ist es auch gar nicht das Denkmuster per se, welches dysfunktional ist, es sind vielmehr die situativen Rahmenbedingungen, die das Denkmuster dysfunktional werden lassen beziehungsweise dieses unter bestimmten Umständen dysfunktionale Konsequenzen für eine Person zeitigt.

[2] vgl. dazu zum Beispiel die handlungsleitende Eigendynamik, die religiöse Glaubenssätze entfalten. Damit soll nicht pauschal ausgesagt sein, dass religiöse Glaubenssätze dysfunktional sind – sie können sich im Gegenteil als hochgradig funktional für eine Person herausstellen, zum Beispiel im Sinne einer ausgewogenen Bedürfnisbefriedigung. Wie das Beispiel empirisch widerlegter religiöser Annahmen und auch das Beispiel des so genannten depressiven Realismus zeigen, ist das Kriterium für die (Dys-)Funktionalität von Kognitionen nicht immer darin zu sehen, dass ein Gedanke realitätsgerecht, empirisch bewährt oder logisch widerspruchsfrei sein muss. Auch widersprüchliche, realitätsferne Gedanken können unter Umständen funktional sein, wenn sie einer Person zur optimalen Bedürfnisbefriedigung oder effizienten Zielerreichung dienlich sind. In diesem Zusammenhang ist zu bedenken, dass auch die Logik und die Empirie auf irrationalen Annahmen basieren (z. B. die Annahme, dass es identische Fälle in der Welt gibt oder dass Hypothesen falsifizierbar seien), in der Regel sind sowohl die Logik wie auch die Empirie jedoch hochgradig nützlich beziehungsweise nützlicher als andere anthropomorphe Denk- und Tätigkeitsprozeduren.

2.5 Beziehungen zu anderen Termini

In der einschlägigen Literatur zu dem hier skizzierten Themenkreis „dysfunktionale Kognitionen" finden sich je nach Autor und theoretischer Ausrichtung andere verwandte Termini. Im vorliegenden Buch wird der Terminus „dysfunktionale Kognitionen" aufgrund seines konzeptuellen Bezugs zu wirtschaftspsychologisch relevanten Themenkreisen präferiert. Es ist überdies anzumerken, dass der Terminus „dysfunktionale Kognitionen" hier recht weit gefasst wird.

Einige Autoren differenzieren zum Beispiel zwischen 1) den situativ – zum Beispiel durch eine anstehende Aufgabe – ausgelösten und weitestgehend bewussten *dysfunktionalen automatischen Gedanken* („Die Aufgabe kann ich nicht!"), 2) den diesen automatischen Gedanken zugrunde liegenden dysfunktionalen oder *irrationalen Überzeugungen* („Ich kann kein Mathe und ein Versagen ist peinlich!") und 3) dem dahinterliegenden, verdichteten, „tief sitzenden", zumeist unbewussten *dysfunktionalen kognitiven Schemata* über sich selbst, die Welt oder die Zukunft („Ich bin ein Versager!") (z. B. Reis de Oliveriera 2012). Der Nutzen dieser Differenzierung wird hier nicht infrage gestellt, aus didaktischen Gründen werden die in diesem Buch verwendeten Beispiele etc. jedoch nicht immer gemäß dieser Differenzierung bezeichnet.

Autoren, die in der Tradition von Albert Ellis stehen, verwenden anstelle des Terminus „dysfunktionale Kognitionen" eher den Terminus „irrationale Überzeugungen" (z. B. Ellis 1991). In diesem Buch werden die Termini „dysfunktionale Kognitionen" und „irrationale Überzeugungen" beinahe synonym verwendet. Irrationale Überzeugungen können in diesem Sinn als ein durch dysfunktionales schlussfolgerndes Denken zustande gekommenes Kondensat aus erworbenen Erfahrungen und persönlichen Motiven aufgefasst werden.

Zum leichteren Verständnis und zur leichteren Lesbarkeit wird im Folgenden – teils abweichend von Taxonomien anderer Autoren – lediglich zwischen folgenden beiden Konzepten unterschieden:

▶ **(1) Dysfunktionales Denken** Dies entspricht dem Begehen bestimmter Denkfehler (z. B. die Übergeneralisierung eines Misserfolgs). Auch die sich daraus entwickelnden dysfunktionalen Denkmuster (z. B. jede neuartige Aufgabe als Versagensmöglichkeit zu interpretieren) werden unter das dysfunktionale Denken subsumiert.

▶ **(2) Dysfunktionale Gedanken** Aus dysfunktionalem Denken resultieren dysfunktionale Gedanken („Ich kann kein Mathe!"). Dysfunktionale Gedanken werden hier gleichbedeutend zu den beiden Termini „dysfunktionale Kognitionen"

2.5 Beziehungen zu anderen Termini

und „irrationale Überzeugungen" verwendet. Zum Teil wird auch der kombinierte Ausdruck „dysfunktionale Überzeugungen" verwendet.[3]

Abschließend sei noch darauf hingewiesen, dass funktionales Denken nicht gleichzusetzen ist mit dem Konstrukt des „positiven Denkens" (vgl. Höller 2000; Ratelband 2000; Schäfer 1999). Positives Denken instruiert Personen nicht selten darin, sich Kompetenzen, Eigenschaften und Fähigkeiten zuzuschreiben, ja geradezu einzureden und anzudichten, über die sie möglicherweise gar nicht verfügen. Positives Denken erzeugt insofern eine gewisse Machbarkeitsillusion. Bleibt positives Denken auf dieser Ebene stehen, speist es sich also aus keinem realistischen Fundament, so führt es früher oder später zu Enttäuschung und Frustration (Kanning 2007). Positives Denken ist daher wie der Versuch einer Problemlösung, ohne das Problem zur Kenntnis genommen, geschweige die Ursachen des Problems zuvor analysiert zu haben. Dieser Versuch muss scheitern – scheitern nämlich an den Ursachen, die nach wie vor bestehen bleiben. Das positive Denken verhält sich zu dem Versuch, dysfunktionale Denkmuster zu reduzieren, wie der Teufel zum Weihwasser: Techniken zur Reduktion dysfunktionaler Denkmuster zielen in der Regel darauf ab, mit bislang unbekannten Mitteln zu prüfen, ob Gedanken berechtigt sind, d. h. zu testen, ob eine Person mit alternativen, differenzierteren oder ausbalancierteren Gedanken erfolgreicher agieren kann. Im Rahmen dieses Ringens könnte sich durchaus herausstellen, dass die auf den ersten Blick zielwidrigen Kognitionen eine wichtige Funktion für die betroffene Person haben, wichtige Motive befriedigen oder dass es in der Tat gute Belege für diese Kognitionen gibt. So könnte es sich erweisen, dass eine Person bei der Lösung bestimmter mathematischer Aufgaben tatsächlich mehr Zeit benötigt als andere Personen – mit allen Konsequenzen, die aus dieser Erkenntnis zu ziehen sind. Dieses mögliche Ergebnis des hier vorzustellenden Methodenrepertoires zur Reduktion dysfunktionaler Kognitionen unterscheidet sich drastisch von der Doktrin, sich bloß einreden zu müssen, man beherrsche die Mathematik.

An diesem Beispiel wird deutlich, dass die Methoden zur Reduktion dysfunktionalen Denkens primär auf ein Generieren und Austesten von alternativen Perspektiven oder Verfahrensweisen abzielen, die sich möglicherweise als weniger belastend, effizienter oder nachhaltiger erweisen, die schneller zum Ziel führen oder weniger Konflikte erzeugen. Dabei können auch diese alternativen Perspektiven unlogisch oder im engen Sinn „unwahr" sein, aber sie sind eben gegebenenfalls nützlicher oder funktionaler im Sinne einer effizienten Zielerreichung oder

---

[3] Für die Zwecke dieses Buchs mag diese stark simplifizierte und etwas lax betriebene Taxonomie durchaus genügen – das Verständnis wird dadurch wohl eher befördert als gehemmt.

nachhaltigen Bedürfnisbefriedigung. Somit ist die Zielsetzung der in diesem Buch vorgestellten Techniken auch nicht darin zu sehen, einfache, verbal manifestierte Überzeugungen wie „Andere Menschen wollen mich nur ausnutzen!" mit anderen, ebenso extremen Überzeugungen wie „Ich muss immer für andere Menschen da sein!" zu ersetzen, sondern eben mit *möglichst* objektiven Mitteln zu prüfen, ob Personen ihre Motive erfolgreicher befriedigen können, wenn sie vollständig oder in Teilaspekten von rigiden Überzeugungen abrücken, diese infrage stellen, prüfen, Alternativen durchspielen und dadurch gegebenenfalls zu einer ausgewogeneren, integrativeren, reichhaltigeren oder fundierteren Variante der Überzeugungen gelangen. Dabei könnten durchaus alle Gedanken zunächst als berechtigt angesehen werden – sofern es keine Wahrheit gibt, gibt es auch keine unberechtigten Gedanken. Es kann eben „nur" darum gehen, einen inneren Diskurs zu führen, in dem die Bedeutung bestimmter Motive gegeneinander abzuwägen ist und deren jeweilige Forderung an den Organismus quasi argumentativ auszudiskutieren oder im Verhalten zu testen ist, um auf diese Weise am Ende des Diskurses die Person handlungsfähiger und effizienter werden zu lassen. Personen sind somit zu einem ständigen Prüfen und Hinterfragen aufgefordert, zu einem permanenten Testen, solange, bis sie erfolgreicher zu agieren imstande sind.

Literatur

Anderson, J. R. (2001). *Kognitive Psychologie*. Heidelberg: Spektrum.
Beck, A. T. (1991). Cognitive therapy: A 30 year retrospective. *American Psychologist, 46*, 368–375.
Beck, J. S. (1995). *Cognitive therapy: Basics and beyond*. New York: Guilford.
Beck, A. T., Rush, A. J., Shaw, B. F., & Emery, G. (1999). *Cognitive therapy of depression*. New York: Guilford.
Choudhury, K. (2013). *Managing workplace stress. The cognitive behavioral way*. New Dehli: Springer India.
Ellis, A. (1982). *Die rational-emotive Therapie. Das innere Selbstgespräch bei seelischen Problemen und seine Veränderung*. München: Pfeiffer.
Ellis, A. (1991). The revised ABC's of rational emotive therapy. *Journal of Rational-Emotive & Cognitive-Behavior Therapy, 9*(3), 139–172.
Höller, J. (2000). *Alles ist möglich: Strategien zum Erfolg*. München: Econ.
Kanning, U. P. (2007). *Wie Sie garantiert nicht erfolgreich werden. Dem Phänomen der Erfolgsgurus auf der Spur*. Lengerich: Pabst.
Mittelstraß, J. (Hrsg.). (2004). *Enzyklopädie – Philosophie und Wissenschaftstheorie*. Stuttgart: Metzler.
Newell, A. (1980). Reasoning, problem-solving, and decision processes: The problem space as a fundamental category. In R. Nickerson (Hrsg.), *Attention and performance* (S. 693–718). Hillsdale: Erlbaum.

Literatur

Nietzsche, F. (1999). *Jenseits von Gut und Böse*. Berlin: De Gruyter. (Originalarbeit erschienen 1886)
Ratelband, E. (2000). *Der Feuerläufer: So schaffst du, was immer du willst*. München: Econ.
Reis de Oliveriera, I. (2012). *Assessing and restructuring dysfunctional cognitions. Standard and innovative strategies in Cognitive Behavior Therapy*. Rijeka: InTech.
Ruscio, J. (2010). Irrational beliefs stemming from judgment errors: Cognitive limitations, biases, and experiential learning. In D. David, S. J. Lynn, & A. Ellis (Hrsg.), *Rational and irrational beliefs* (S. 291–312). Oxford: Oxford University Press.
Sauerland, M., & Reich, S. (2014). Dysfunctional Job-Cognitions – über die Folgen dysfunktionalen Denkens im Arbeitskontext. In M. Sauerland & O. Braun (Hrsg.), *Aktuelle Trends in der Personal- und Organisationsentwicklung* (S. 28–61). Hamburg: Windmühle.
Schäfer, B. (1999). *Die Gesetze der Gewinner*. Köln: Schäfer Finanz Coaching.
Tolman, E. C. (1932). *Purposive behaviour in animals and men*. New York: Appleton-Century-Crofts.

Dysfunktionale Denkmuster 3

Effiziente mentale Designs können umso eher kreiert werden, je stärker dysfunktionale Denkmuster zurückgedrängt werden. Zu diesem Zweck müssen Personen solche Denkmuster jedoch *kennen* und in die Lage versetzt werden, ihre eigenen Gedankengänge als solche *erkennen* zu können. Aus diesem Grund werden in diesem Kapitel verbreitete dysfunktionale Denkmuster ausführlich beschrieben. Konkrete Maßnahmen zur Reduktion der einzelnen dysfunktionalen Denkmuster werden jeweils kurz skizziert, die einschlägigen Strategien werden jedoch erst in Kap. 4 ausführlich dargelegt.

Instanziierungen dysfunktionalen Denkens, wie die oben genannten Beispiele (z. B. „Ich kann kein Mathe!"), können bestimmten dysfunktionalen Denkmustern oder auch gängigen Denkfehlern zugeordnet werden (vgl. Sauerland und Müller 2012; Sauerland et al. 2015, arbeitspsychologisch modifiziert nach Beck 1967, 1991, 1995, 1999, 2005 und Ellis 1962, 2007, u. a.; vgl. auch Leahy 2007). Durch dysfunktionales Denken der im Folgenden beschriebenen Art gelangen Personen beispielsweise zu dysfunktionalen Gedanken wie „Ich kann keine Sprachen lernen!". Nachfolgend werden 15 dysfunktionale Denkmuster beschrieben (s. Tab. 3.1).

3.1 Diesseits von Gut und Böse – dichotomes Denken oder Schwarz-Weiß-Denken

▶ *Dichotomes Denken* bezeichnet das Denken in sich ausschließenden Kategorien oder strikten Gegensatzpaaren – „Grauschattierungen", zweideutige Anteile der ausgeschlossenen Kategorie und Ähnliches werden dabei ignoriert.

Tab. 3.1 Verbreitete dysfunktionale Denkmuster

Dysfunktionale Denkmuster	
Kapitel 3.1	Dichotomes Denken
Kapitel 3.2	Kontrafaktisches Denken
Kapitel 3.3	Unfaire soziale Vergleiche
Kapitel 3.4	Perfektionistisches Denken
Kapitel 3.5	Minimierung
Kapitel 3.6	Übergeneralisierungen
Kapitel 3.7	Übertreibungen
Kapitel 3.8	Ungeprüfte Projektionen
Kapitel 3.9	Mind-Reading
Kapitel 3.10	Du-Musst-/Du-Sollst-Imperative
Kapitel 3.11	Katastrophisierung
Kapitel 3.12	Ruminieren
Kapitel 3.13	Reduktionismus
Kapitel 3.14	Heuristisches Denken
Kapitel 3.15	Selektive Wahrnehmung

Wenn eine Person beispielsweise zu der Überzeugung gelangt, es würde nur einen einzigen richtigen Weg zum Ziel geben und Alternativen hierzu wären ausgeschlossen, unterliegt sie dem dichotomen Denken. Solch eine Überzeugung torpediert die geistige Flexibilität und unterminiert das Auffinden von kreativen Lösungsansätzen. Neben einem Alternativen ausschließenden „One-Best-Way"-Denken trifft dies auch auf ein resolutes „Alles-oder-nichts"-, ein rigides „Entweder-so-oder-gar-nicht"- und auf ein vereinfachendes „Entweder-oder"-Denken zu.

Beispiel aus der Praxis

„**Entweder** wir konzentrieren uns zukünftig auf die Einzelfertigung von speziellen Teilen **oder** wir richten uns auf standardisierte Massenproduktion aus!"

Zur Selbstmotivierung, Leistungssteigerung und Erhöhung der Entscheidungsqualität ist es von Vorteil, solch übersimplifizierte kognitive Muster aufzugeben und sich im Denken nicht derart selbst zu beschränken. Ein Denken in „Sowohl-als-auch"-Relationen würde es beispielsweise viel eher erlauben, die zumeist vorhandene Optionenvielfalt zu erkennen, Dinge auszuprobieren, mehrere mögliche Lösungswege simultan zu verfolgen, Perspektiven adaptiv zu wechseln oder psychisch und sozial zufriedenstellende Kompromisse zu finden. Auch das Denken in Prozessen kann Einschränkungen, die mit einem Denken in starren Kategorien verbunden sind, reduzieren.

3.1 Diesseits von Gut und Böse

Menschen tendieren jedoch nicht ohne Grund zum dichotomen Denken. Eine Funktion dieses Denkens besteht darin, gedankliche Abwägungen soweit zu verdichten und zu kontrastieren, dass Personen konsequent in den Handlungsrealisierungsmodus wechseln können und ihre Handlungen bei der Ausführung nicht ständig in Zweifel ziehen oder erneut infrage stellen müssen. Damit eine Person handlungsfähig wird, muss im Spiel der widerstreitenden Motive irgendwann eines obsiegen und gegen konfligierende Motive abgeschirmt werden („entweder so oder gar nicht!", „alles oder nichts!"). Die mit dem dichotomen Denken einhergehende Komplexitätsreduktion von Aufgaben etc. kann im Dienste des schnellen und konsequenten Planens und ressourcensparenden Handelns somit durchaus funktional sein – der kognitive Aufwand, der mit dem Abwägen und der Koordination vieler verschiedener Lösungsmöglichkeiten einhergeht, wird nämlich drastisch reduziert. Im sozialen Kontext wird das dichotome Denken darüber hinaus durch den Wunsch stimuliert, obwaltende Machtstrukturen aufrechtzuerhalten beziehungsweise sich eindeutig zu profilieren. Es geht Personen dann darum, sich mit der eigenen Position klar von anderen Personen abzugrenzen und sich gegebenenfalls gegen diese durchzusetzen.

Diese Gründe zur Vereinfachung der komplexen Realität sollten jedoch nicht in einen blinden kognitiven Konservatismus münden, womit sich Personen gegebenenfalls geeigneter Gelegenheiten und der Entdeckung besserer Verfahrensweisen berauben. In bestimmten Intervallen sollten Personen ihr Denken und Handeln somit daraufhin prüfen, ob sich noch andere Optionen zur Zielerreichung anbieten. Ein zu frühes Eintreten in dichotome Gedankenmuster ist jedenfalls zu vermeiden, da dabei geistige Abwägungsprozesse eingeschränkt und motivbezogene Win-win-Optionen übersehen werden können (mehrere scheinbar widersprüchliche Motive können befriedigt werden). Erst wenn ein Sachverhalt im inneren oder äußeren Dialog „ausdiskutiert" ist, der Diskurs abgeschlossen scheint und keine neuen Perspektiven mehr hinzukommen, kann das Denken vorübergehend polarisiert beziehungsweise dichotomisiert werden.

Auf organisationaler Ebene beziehungsweise bei wichtigen Entscheidungen, die in der Gruppe getroffen werden, kann zur Vermeidung dichotomen Denkens analog dazu ein sogenannter *Advocatus Diaboli* eingesetzt werden, dessen Aufgabe darin besteht, immer wieder den aktuellen Stand der Diskussion zu kritisieren, auf die Einschränkungen und Einseitigkeiten von vorläufigen Entscheidungen hinzuweisen und laufend Gegenvorschläge zu unterbreiten. Sobald der Advocatus Diaboli selbst nichts Substanzielles mehr gegen eine Einigung einwenden kann, kann konsequent gehandelt werden.

Unter Zuhilfenahme der Fragen in Abb. 3.1 können Sie prüfen, in welchem Ausmaß Sie zum dichotomen Denken neigen. Kreuzen Sie dazu einfach an, inwieweit Sie den jeweiligen Aussagen zustimmen.

Dichotomes Denken						
		Stimme ganz und gar nicht zu				Stimme voll und ganz zu
		1	2	3	4	5
1	Ich lasse mir nur ungern verschiedene Möglichkeiten zur Erreichung eines Ziels einfallen!	☐	☐	☐	☐	☐
2	Ich neige zu radikalen Ansichten!	☐	☐	☐	☐	☐
3	Es fällt mir schwer, Kompromisse einzugehen – ich arbeite nach dem Alles-oder-nichts-Prinzip!	☐	☐	☐	☐	☐
4	Meistens lassen sich die Dinge in „gut" und „schlecht" unterteilen!	☐	☐	☐	☐	☐
5	Viele Perspektiven in Betracht zu ziehen, hält in der Regel nur unnötig auf!	☐	☐	☐	☐	☐
	Mittelwert					

Abb. 3.1 Fragebogen zur Erfassung dysfunktionaler Kognitionen – dichotomes Denken

Errechnen Sie den erzielten Mittelwert der Skala nach folgender Formel:
(Wert der Antwort auf Frage 1 + Wert der Antwort auf Frage 2 + Wert der Antwort auf Frage 3 + Wert der Antwort auf Frage 4 + Wert der Antwort auf Frage 5)/5 = Mittelwert

Der Mittelwert in einer Stichprobe mit 257 Teilnehmern betrug M = 2,25. Liegt der von Ihnen erzielte Mittelwert über diesem Wert, ist dies ein erster Hinweis darauf, dass Sie in überdurchschnittlicher Weise zum dichotomen Denken neigen.[1]

Zur systematischen Reduktion des dichotomen Denkens empfiehlt sich die Anwendung der *Wirkungsanalyse*. Diese Methode „zwingt" einerseits zur Analyse der Vor- und Nachteile einer identifizierten (dichotomen) Überzeugung, andererseits werden Personen dazu aufgefordert, auch die Vor- und Nachteile einer der eigenen (dichotomen) Überzeugung diametral zuwiderlaufenden (nicht-dichotomen) Überzeugung zu durchdenken. Diese Vorgehensweise führt Personen die

---

[1] Die angegebenen Werte stellen aufgrund des offenen Befragungsverfahrens vermutlich Unterschätzungen der wahren Werte dar (vgl. sozial erwünschtes Antwortverhalten). Aufgrund dieser Einschränkung der Aussagekraft werden außer den Mittelwerten auch keine Standardabweichungen oder Ähnliches angegeben. Es lassen sich in der Tat – wie beschrieben – nur „erste Hinweise" auf das Vorliegen überdurchschnittlich hoch ausgeprägter dysfunktionaler Denkmuster erschließen. Wie noch näher ausgeführt wird, bewegen sich die Mittelwerte der Skalen zur Erfassung dysfunktionaler Überzeugungen zwar lediglich im mittleren Skalenbereich, dies bedeutet jedoch, dass die Befragten solch extremen Aussagen wie „Andere mögen mich nur, wenn ich Leistungen erbringe!" zum Teil zustimmen, dass ihnen solche Überzeugungen somit nicht völlig fremd sind und dass sie den zugrunde liegenden Denkmustern in manchen Bereichen hin und wieder tatsächlich unterliegen.

Einschränkungen vor Augen, die mit rigidem kategorialem beziehungsweise dichotomem Denken einhergehen. Zudem gelingt es mithilfe der Technik oft, die „wahren" (Bequemlichkeits-)Motive hinter dem dichotomen Denken zu entlarven. Diese Technik wird in Kap. 4.4.5 ausführlich beschrieben.

Darüber hinaus ist es hilfreich, für Entscheidungen, die eine Entweder-oder-Form und Ähnliches annehmen, sensibel zu sein und die Verwendung entsprechender Signalwörter wie „entweder", „oder", „alles" oder „nichts" in inneren und äußeren Dialogen als unmittelbaren Anlass dafür zu nehmen, die Entscheidung nochmals daraufhin zu prüfen, ob nicht auch eine Entscheidung in Sowohl-als-auch-Gestalt möglich wäre.

3.2 Traumwelten – kontrafaktisches Denken

▶ *Kontrafaktisches Denken* ist ein Denken konträr zu den vorliegenden Fakten (Mittelstraß 2004). Es bezieht sich auf Ereignisse, die eintreten würden beziehungsweise eingetreten wären, wenn andere als die tatsächlichen Bedingungen vorliegen würden beziehungsweise vorgelegen hätten.

Kontrafaktisches Denken ist sehr weit verbreitet. In einer von uns durchgeführten Untersuchung gaben beinahe 60 % der Befragten an, diesem Denkmuster zu unterliegen, und dies mit durchschnittlich achtmal pro Monat erstaunlich häufig. Personen denken beispielsweise, „dass doch alles auch viel einfacher sein könnte" oder sagen sich „Ach, wenn ich das doch bloß nicht machen müsste!" oder „Hätte ich doch einen anderen Job gewählt!". In Bezug auf begangene Fehler denken Personen häufig „Warum musste das ausgerechnet mir passieren?" oder „Hätte ich doch im Vorfeld etwas anders gemacht!". Die motivationalen und leistungsmindernden Folgen sind offenkundig, wenn eine Person circa zweimal pro Woche denkt „Hätte ich doch einen anderen Job gewählt!" – eine Person, die dieser Überzeugung ist, wird Chancen, die sich in ihrem Beruf eröffnen, wohl nicht mehr registrieren, sie wird stattdessen bloß „Dienst nach Vorschrift" machen, sie wird unzufrieden sein und vielleicht sogar schon innerlich gekündigt haben.

Beispiel aus der Praxis

„**Hätten** wir die Krise doch bloß schon hinter uns, dann **könnten** wir mit dem neuen Programm endlich durchstarten!"

Kontrafaktisches Denken kann dazu anregen, Bedingungen ausfindig zu machen, unter denen sich begehrte Ziele gegebenenfalls leichter erreichen lassen. Wenn eine Person beispielsweise der Überzeugung ist, dass sie doch besser einen anderen Job gewählt hätte und in diesem anderen Job erfolgreicher oder glücklicher wäre, dann simuliert sie dabei mental möglicherweise Bedingungen, unter denen ein Eintritt in den anderen Beruf zustande kommen könnte. Oder: Bedauert eine Person einen begangenen Fehler, neigt sie ebenfalls dazu zu simulieren, unter welchen Bedingungen der Fehler nicht eingetreten wäre – es ist offensichtlich, dass aus solchen Erwägungen nützliches Wissen zur Vermeidung zukünftiger Fehler generiert werden kann.

Allerdings hat das kontrafaktische Denken zumeist eher demoralisierende und leistungsmindernde Effekte, insbesondere dann, wenn es nicht zum Abschluss gebracht wird, keine positiv formulierten Ziele generiert und keine Schlussfolgerungen für zukünftiges Handeln daraus abgeleitet werden. Über das „Was-wäre-wenn" nachzudenken, d. h., über Zustände zu reflektieren, die unrealistische Träumereien darstellen und eine Welt voller schöner Möglichkeiten vorgaukeln, die den realen Gegebenheiten völlig entrückt sind, hält eher davon ab, Handlungen zu ergreifen, die geeignet sind, aversive Zustände zügig zu beseitigen. Das fortwährende Bedauern eines bestimmten Zustands, das Verharren in „Jammerschleifen" oder die gedankliche Flucht in angenehmere Scheinwelten hindern Personen eher daran, die Lösung anstehender Probleme voranzutreiben, sich realistische Ziele zu setzen und diese mit den verfügbaren Mitteln und Fähigkeiten aktiv zu verfolgen. Kontrafaktisches Denken verhindert somit die Wahrnehmung von Chancen, die sich unter den gegebenen Bedingungen eröffnen. In diesem Zusammenhang ist auch zu bedenken, dass bei der Simulation der vermeintlich besseren Alternativen zumeist die wiederum damit einhergehenden Nachteile und Risiken übersehen oder unterschätzt werden. Zudem kann die Kontrastierung der realen Welt mit der schönen Scheinwelt erheblich frustrieren.

Es ist zu konstatieren, dass auch diese Art des Denkens unter Umständen funktional sein kann. Dysfunktional wird das kontrafaktische Denken indes – und auch dies sollten Personen in bestimmten Intervallen überprüfen – wenn nichts konkret Verwertbares bezüglich problemlösender Handlungen daraus folgt.

Unter Zuhilfenahme der Fragen in Abb. 3.2 können Sie prüfen, in welchem Ausmaß Sie zu kontrafaktischem Denken neigen. Kreuzen Sie dazu einfach an, inwieweit Sie den jeweiligen Aussagen zustimmen.

Errechnen Sie den erzielten Mittelwert der Skala nach folgender Formel:
(Wert der Antwort auf Frage 1 + Wert der Antwort auf Frage 2 + Wert der Antwort auf Frage 3 + Wert der Antwort auf Frage 4 + Wert der Antwort auf Frage 5)/5 = Mittelwert

Der Mittelwert in einer Stichprobe mit 194 Teilnehmern betrug $M = 3{,}04$. Liegt der von Ihnen erzielte Mittelwert über diesem Wert, ist dies ein erster Hinweis

3.2 Traumwelten – kontrafaktisches Denken

Kontrafaktisches Denken						
		Stimme ganz und gar nicht zu				Stimme voll und ganz zu
		1	2	3	4	5
1	Ich neige dazu, mir ein Leben auszumalen, in dem alles einfacher ist als in meinem jetzigen Leben!	☐	☐	☐	☐	☐
2	Manchmal frage ich mich, warum die unschönen Dinge immer mir passieren!	☐	☐	☐	☐	☐
3	Ich wünschte, ich hätte es leichter!	☐	☐	☐	☐	☐
4	Ich denke oft, ich hätte früher etwas anders machen müssen!	☐	☐	☐	☐	☐
5	Ich bedauere Entscheidungen, die ich getroffen habe!	☐	☐	☐	☐	☐
	Mittelwert					

Abb. 3.2 Fragebogen zur Erfassung dysfunktionaler Kognitionen – kontrafaktisches Denken

darauf, dass Sie in überdurchschnittlicher Weise zum kontrafaktischen Denken neigen.

Zur systematischen Reduktion des kontrafaktischen Denkens empfiehlt sich die Anwendung der Techniken *Denken in Lösungen, intentionales Verstoßen* und *konkretes Ausmalen*. Die Methode Denken in Lösungen (statt in Problemen) leitet dazu an, konkrete Handlungspläne zur Lösung von schwierigen Situationen zu entwickeln. Auf diese Weise erkennen Personen, ob und auf welche Weise sich ihre Träumereien im Hier und Jetzt mit den faktisch zur Verfügung stehenden Mitteln realisieren lassen. Im Rahmen des intentionalen Verstoßens probieren Personen über einen kurzen Zeitraum ihre (kontra)faktischen Überzeugungen aus; d. h., sie verhalten sich so, als gelte zum Beispiel einen Tag lang die faktische und am nächsten Tag die kontrafaktische Überzeugung. Mithilfe dieser Methode können Personen durch konkretes Verhalten testen, welche der beiden Überzeugungen erfolgreicher ist. Beim konkreten Ausmalen sammeln Personen zunächst sämtliche relevanten zur Verfügung stehenden Informationen hinsichtlich einer gegebenen Situation (z. B. bezüglich des Einstiegs in einen anderen Job) und imaginieren daraufhin in raum-zeitlichen Koordinaten, welche Handlungen auf welche anderen folgen müssen, um eine bevorstehende Situation zu meistern oder ein begehrtes Ziel zu erreichen. Auch diese Technik zielt auf die Überführung von hypothetischen Gedankenszenarien in konkrete Handlungspläne ab. Die beschriebenen Techniken werden in den Kap. 4.4.15, 4.4.7 und 4.4.12 ausführlich beschrieben.

3.3 Dein Auto, dein Haus, dein Boot – unfaire soziale Vergleiche

Es existiert ein starkes menschliches Motiv, eigene Meinungen, Zustände, Eigenschaften und Fähigkeiten zu bewerten (Festinger 1954). Solche Bewertungen sind durchaus funktional, denn damit können bei Unsicherheit Fehleinschätzungen von Situationen und eigenen Handlungsmöglichkeiten vermieden werden und situationsadäquate Reaktionen werden somit wahrscheinlicher. Da objektive Bewertungsmaßstäbe in der Regel fehlen, greifen Personen zumeist einfach auf soziale Informationen zurück, d. h., sie vergleichen ihre Meinungen und Fähigkeiten mit denjenigen anderer Personen. Üblicherweise werden für solche sozialen Vergleiche Personen herangezogen, die mit ähnlichen Bedingungen konfrontiert sind beziehungsweise die vergleichbare Ausgangslagen oder Voraussetzungen aufweisen wie die sich vergleichende Person. Gelegentlich werden soziale Vergleiche sogar derart verzerrt vorgenommen, dass sie lediglich dazu dienen, den Selbstwert der sich vergleichenden Person aufzubauen (Aspinwall und Taylor 1993; Talyor und Lobel 1989; Wood 1989).

Es gibt allerdings auch Personen, die eine gegenteilige Tendenz aufweisen: Diese Personen vergleichen ihre Fähigkeiten und Leistungen systematisch in einer für sie negativen Weise. Sie messen sich beispielsweise mit Personen, die günstigere Voraussetzungen hatten als sie selbst (z. B. deutlich mehr Vorbereitungszeit für eine Aufgabe), sie orientieren sich ausschließlich an den Besten einer bestimmten Leistungsdimension, wie zum Beispiel der Weltelite, ohne deren besondere Ausgangslagen zu berücksichtigen (z. B. finanzielle Möglichkeiten), sie ignorieren begünstigende Zufälle und situative Umstände bei denjenigen, die besser sind als sie selbst und registrieren auch die möglichen Nebeneffekte und Schwächen außerhalb der entsprechenden Leistungsdimension nicht, mit denen „Top-Performer" häufig zu kämpfen haben (vgl. Gutierres et al. 1999; Kenrick 2010).

▶ *Unfaire soziale Vergleiche* sind Vergleiche mit anderen Personen, insbesondere hinsichtlich des Wertes von Fähigkeiten, wobei im Rahmen des Vergleichsprozesses unterschiedliche Ausgangsbedingungen ignoriert oder nicht ins Kalkül gezogen werden.

Solche unfairen Vergleiche können durch perfektionistische Anspruchshaltungen stimuliert werden – soziale Vergleiche liefern den Maßstab und die Kriterien dafür, was perfekt ist. Personen wollen sich dann geradezu nur mit Top-Performern vergleichen, weil nur deren Leistungsniveau in ihren Augen etwas wert zu sein scheint.

3.3 Dein Auto, dein Haus, dein Boot – unfaire soziale Vergleiche

Sowohl aufwärtsgerichtete wie auch abwärtsgerichtete soziale Vergleiche können sowohl funktional wie auch dysfunktional sein. Dysfunktional werden sie zumeist dann, wenn sie unfair sind. So ist zwar einerseits bekannt, dass eine durch abwärtsgerichtete soziale Vergleiche verursachte nuancierte Selbstüberschätzung durchaus gesund und selbstwertdienlich ist (Taylor und Brown 1994). Es ist zudem bekannt, dass ein bedacht aufwärtsgerichteter sozialer Vergleich durchaus eine motivationale Sogwirkung entfalten kann (Festinger 1954, u. a.). Andererseits ist es offenkundig, dass Selbstüberschätzungen schnell in Machbarkeitsphantasmen und Kontrollillusionen münden können und, sofern diese mit der Realität kollidieren, umso dramatischere Leistungseinbrüche zur Folge haben. Es ist des Weiteren offenkundig, dass aufwärtsgerichtete soziale Vergleiche mit Top-Performern auch schnell zu dem Eindruck führen können, ohnehin nicht mithalten zu können, was die Bereitschaft vollends torpediert, das Beste aus seinen eigenen Fähigkeitsdispositionen herauszuholen. Soziale Vergleiche mit Top-Performern stellen zumeist auch unfaire soziale Vergleiche dar und sind aus diesem Grund für Personen in aller Regel dysfunktional.

Beispiel aus der Praxis

„Der Kollege ist genauso alt wie ich und hat es im Gegensatz zu mir schon zum Abteilungsleiter geschafft! Jetzt brauche ich es auch nicht mehr zu probieren – mit der familiären Belastung kann ich mit dem eh nicht mehr mithalten."

Soziale Vergleiche können somit durchaus eine stimulierende Wirkung entfalten, sofern sie einen herausfordernden Charakter haben. Die Unfairness der eigenen Person gegenüber mündet jedoch in Enttäuschung und Frustration. Die stimulierende Wirkung sozialer Vergleiche könnte auch mit weniger motivationalen Risiken erzielt werden, wenn Leistungen etc. eher an einem individuellen Maßstab gemessen würden („Im Vergleich zum letzten Monat habe ich mich deutlich verbessert!") oder die Vergleiche zumindest auf Standardkriterien bezogen wären („Ich habe die Prüfung bestanden!", „Ich bin besser als der Durchschnitt!") – auch dabei können oder sollen soziale Maßstäbe nicht völlig ignoriert werden, diese Vergleichsarten regen jedoch stärker dazu an, eine faire Basis dafür anzusetzen.

Erst faire Vergleiche ermöglichen es, Informationen über die Bedingungen des Erfolgs anderer Personen zu erhalten. Gerade solche Informationen könnten für eine sich vergleichende Person nützlich sein, um selbst erfolgreicher zu werden, sofern solche erfolgsrelevanten Bedingungen aktiv herbeigeführt werden können und sie nicht als bloße Entschuldigung für weniger gute Leistungen instrumentalisiert werden.

3 Dysfunktionale Denkmuster

Unfaire soziale Vergleiche						
		Stimme ganz und gar nicht zu		–		Stimme voll und ganz zu
		1	2	3	4	5
1	Ich vergleiche mich oft mit Personen, die besser sind als ich, ohne Näheres von ihnen zu wissen!	☐	☐	☐	☐	☐
2	Wenn ich mich mit anderen Personen vergleiche, leide ich oft darunter!	☐	☐	☐	☐	☐
3	Schaut man in die Medien, ist offensichtlich, dass es viele Leute im Leben schon deutlich weiter gebracht haben als ich!	☐	☐	☐	☐	☐
4	Im Vergleich zu anderen schneide ich eher schlecht ab!	☐	☐	☐	☐	☐
5	Wenn man alle Umstände bedenkt, bin ich recht weit gekommen!	☐	☐	☐	☐	☐
	Mittelwert					

Abb. 3.3 Fragebogen zur Erfassung dysfunktionaler Kognitionen – unfaire soziale Vergleiche

Unter Zuhilfenahme der Fragen in Abb. 3.3 können Sie prüfen, in welchem Ausmaß Sie zu unfairen sozialen Vergleichen neigen. Kreuzen Sie dazu einfach an, inwieweit Sie den jeweiligen Aussagen zustimmen.

Errechnen Sie den erzielten Mittelwert der Skala nach folgender Formel:
(Wert der Antwort auf Frage 1 + Wert der Antwort auf Frage 2 + Wert der Antwort auf Frage 3 + Wert der Antwort auf Frage 4 + (6 − Wert der Antwort auf Frage 5))/5 = Mittelwert

Der Mittelwert in einer Stichprobe mit 194 Teilnehmern betrug $M = 2{,}81$. Liegt der von Ihnen erzielte Mittelwert über diesem Wert, ist dies ein erster Hinweis darauf, dass Sie in überdurchschnittlicher Weise zu unfairen sozialen Vergleichen neigen.

Zur systematischen Reduktion unfairer sozialer Vergleiche empfiehlt sich die Anwendung der *Merkmalskontinuum*-Technik. Diese Methode fordert Personen dazu auf, das Ausmaß ihrer vermeintlichen Schwäche auf einem Kontinuum zwischen extremen Ausprägungen des entsprechenden Merkmals einzuordnen. Auf diese Weise erkennen Personen, dass ihre Fähigkeiten sich nicht am unteren Rand des entsprechenden Merkmalskontinuums befinden, sondern bei Berufstätigen in der Regel über dem Durchschnitt der entsprechenden Vergleichsgruppe liegen. Diese Technik wird in Kap. 4.10 ausführlich beschrieben.

3.4 Zwischen Anspruch und Wirklichkeit – perfektionistisches Denken

▶ *Perfektionistisches Denken* bezeichnet eine übertriebene geistige Beschäftigung mit persönlicher Vollkommenheit und tätigkeitsbezogener Fehlerfreiheit.

Perfektionistisches Denken darf nicht mit Gewissenhaftigkeit, einem leistungsfördernden Ehrgeiz oder dem gesunden Wunsch, sich ständig weiterzuentwickeln, verwechselt werden. Wenn Personen der Überzeugung sind, dass sie eine Aufgabe *perfekt* erledigen müssen und dass sie sich dabei *keine Fehler* erlauben dürfen, reduziert dies eher die Leistung, anstatt sie zu steigern. Solch eine Überzeugung ist deshalb – zumindest langfristig – demotivierend und leistungsmindernd, weil sie mit hoher Wahrscheinlichkeit in Frustration, Enttäuschung und Unzufriedenheit mündet, da das Ziel, etwas perfekt zu machen oder perfekt zu sein, zumeist unrealistisch ist. Die betroffenen Personen können somit eigentlich nur scheitern.[2]

Darüber hinaus tragen perfektionistische Anspruchshaltungen dazu bei, dass Aufgaben nicht zum Abschluss gebracht werden, weil nahezu immer weitere Verbesserungsmöglichkeiten gefunden werden können (vgl. dazu auch das sogenannte Prokrastinieren).

Beispiel aus der Praxis

„Ich kontrolliere die **ganze Arbeit** lieber nochmals **im Detail**, damit der Kunde **absolut** nichts beanstanden kann!"

Die Schwelle zum dysfunktionalen Perfektionismus kann in Organisationen durchaus diagnostiziert werden: Wenn Arbeitsaufgaben aufgeschoben werden, angefangene Arbeiten trotz genauer Planung nicht termingerecht fertiggestellt werden oder die Zielerreichung gängigen Effizienzkriterien nicht genügt, dann liegt der Verdacht nahe, dass die Genauigkeit und Gewissenhaftigkeit dem dysfunktionalen Perfektionismus zum Opfer gefallen sind. Personen selbst können den Unterschied zwischen funktionalem und dysfunktionalem Perfektionismus auch an der eigenen

---

[2] In komplexen Systemen ist es ohnehin nicht möglich, Fehler vollständig zu vermeiden. Komplexe Systeme zeichnen sich durch die zum Teil intransparente Beteiligung einer Vielzahl von Variablen aus, die miteinander interagieren, zum Teil spontane, auch nicht-lineare Eigendynamiken entwickeln oder erst nach Totzeiten Wirkung entfalten (Dörner 1989). Ein solches System ist nicht vollständig vorhersehbar. Gesetzt den Fall, Fehler lassen sich nicht ausschließen, so scheint es mithin sinnvoller zu sein, gegenüber Fehlern tolerant zu sein und eher Kompetenzen aufzubauen, die dazu befähigen, mit begangenen Fehlern konstruktiv umzugehen und aus ihnen zu lernen.

Perfektionistisches Denken						
		Stimme ganz und gar nicht zu	...			Stimme voll und ganz zu
		1	2	3	4	5
1	Es ist für mich schwer auszuhalten, wenn ich eine Arbeit nicht absolut fehlerfrei ausführen kann!	☐	☐	☐	☐	☐
2	Es stört mich, wenn ich nicht der/die Beste bin!	☐	☐	☐	☐	☐
3	Ich verbringe viel Zeit damit, zu überprüfen, wie ich meine Aufgaben noch besser erledigen kann!	☐	☐	☐	☐	☐
4	Ich arbeite oft länger an einer Sache als ich müsste, weil ich das Gefühl habe, dass das Ergebnis nicht meinen Ansprüchen genügt!	☐	☐	☐	☐	☐
5	Ich würde mich selbst als Perfektionisten bezeichnen!	☐	☐	☐	☐	☐
	Mittelwert					

Abb. 3.4 Fragebogen zur Erfassung dysfunktionaler Kognitionen – perfektionistisches Denken

psychischen Verfassung erkennen: Geht das eigene Engagement mit Freude an den betreffenden Tätigkeiten und mit entsprechenden Erfolgserlebnissen einher oder wird die Tätigkeit zwanghaft-besessen, unter permanenter Anspannung, ständigem Zweifel, Angst vor Fehlern und hohem vermeintlichen Erwartungsdruck verrichtet und zeitigt überdies bereits aversive Nebeneffekte? Letzteres indiziert den dysfunktionalen Perfektionismus (z. B. Frost et al. 1990).

Auch unter Zuhilfenahme der Fragen in Abb. 3.4 können Sie prüfen, in welchem Ausmaß Sie zu perfektionistischem Denken neigen. Kreuzen Sie dazu einfach an, inwieweit Sie den jeweiligen Aussagen zustimmen.

Errechnen Sie den erzielten Mittelwert der Skala nach folgender Formel:
(Wert der Antwort auf Frage 1 + Wert der Antwort auf Frage 2 + Wert der Antwort auf Frage 3 + Wert der Antwort auf Frage 4 + Wert der Antwort auf Frage 5)/5 = Mittelwert

Der Mittelwert in einer Stichprobe mit 257 Teilnehmern betrug M = 3,34. Liegt der von Ihnen erzielte Mittelwert über diesem Wert, ist dies ein erster Hinweis darauf, dass Sie in überdurchschnittlicher Weise zu perfektionistischem Denken neigen.

Zur systematischen Reduktion perfektionistischen Denkens empfiehlt sich die Anwendung eines *Worst-Case-Szenarios* und der *Begründungssequenz*. Im Rahmen der Erstellung eines Worst-Case-Szenarios werden Personen aufgefordert, die schlimmstmöglichen Konsequenzen nicht-perfektionistischen Handelns zu durchdenken. Auf diese Weise erkennen sie, dass sich aus nicht-perfektionistischem Handeln keine drastischen negativen Konsequenzen ergeben würden, sie gleichzeitig jedoch befreiter, lustbetonter, weniger zwanghaft und wesentlich effizienter agieren könnten. Die Begründungssequenz verlangt darüber hinaus die Angabe von basalen Begründungen für perfektionistische Überzeugungen. Dabei stellt sich nicht selten heraus, dass perfektionistischen Gedanken letztlich eine Selbstwertproblematik zugrunde liegt (z. B. „Ich muss die Prüfungen mit Bestnoten abschließen, weil ich sonst wertlos bin"); zumindest kristallisiert sich jedoch eine das perfektionistische Verhalten nicht hinreichend rechtfertigende Annahme heraus. Diese Einsicht stellt in der Regel einen Anreiz zur Veränderung der bisherigen Überzeugung dar. Diese Techniken werden in den Kap. 4.4.2 und 4.4.4 ausführlich beschrieben.

3.5 Nicht der Rede wert – Minimierung

Unfaire soziale Vergleiche und perfektionistische Anspruchshaltungen stimulieren das sogenannte Minimieren.

▶ *Minimieren* bedeutet, dass Personen nicht imstande sind, ihre eigenen Leistungen anzuerkennen. Sie können eigene Erfolge nicht für sich in Anspruch nehmen beziehungsweise verbuchen diese nicht für sich als Erfolg. Erbrachte Leistungen werden stattdessen relativiert oder abgewertet, etwa „Was war das schon? – Das hätten andere auch fertiggebracht!".

Minimierungstendenzen verhindern, dass Personen jemals stolz auf Geleistetes sein können oder sich an persönlichen Fortschritten erfreuen können. Sie genügen sich selten selbst und messen sich an hohen Anspruchsniveaus. Die Tendenz zum Minimieren kann auch damit zusammenhängen, dass Personen Erfolge eher mit äußeren Ursachen (z. B. Zufall, geringes Schwierigkeitsniveau) statt mit personenbezogenen Faktoren (z. B. Begabung, Anstrengung) begründen.

Beispiel aus der Praxis

„Ach, das war **nur** ein kleiner **Zwischenschritt**, den haben auch schon andere vor mir geschafft!"

Zu diesem Denkmuster trägt die negativ fokussierte Feedback-Kultur im mitteleuropäischen Kulturraum bei. Bereits die Schulsozialisation ist darauf ausgerichtet, Schüler auf ihre Defizite, Mängel und Schwächen aufmerksam zu machen und sie dazu aufzufordern, diese zu beseitigen. Dieses Prinzip setzt sich in der Arbeitswelt durchaus fort: Gute Leistungen, die erwartet wurden, oder Leistungen, die durchschnittlichen Charakter haben, werden in der Regel von Vorgesetzten nicht kommentiert. Erst wenn Fehler begangen wurden, wird Notiz genommen. Personen müssen daher oft erst lernen, auf Geleistetes stolz zu sein, auch wenn dies nicht herausragend, sondern eben „nur" durchschnittlich gut ist oder es „lediglich" eine Verbesserung der individuell beschränkten Möglichkeiten darstellt.

Minimierung kann Personen unter günstigen Umständen durchaus dazu antreiben, sich ständig weiterzuentwickeln, am Ball zu bleiben und sich zu steigern. Dies wäre sicherlich aber auch und deutlich nachhaltiger möglich, wenn Personen auf bereits erbrachte Leistungen stolz sein könnten und damit zugleich auch wahrnehmen und anerkennen würden, welche Fähigkeiten und Kompetenzen sie für die erbrachten Leistungen an den Tag gelegt haben – Fähigkeiten, von denen sie dann nämlich wüssten, dass sie diese bei zukünftigen Herausforderungen auch selbstbewusst einsetzen und damit belohnende Effekte herbeiführen können.

Unter Zuhilfenahme der Fragen in Abb. 3.5 können Sie prüfen, in welchem Ausmaß Sie zur Minimierung neigen. Kreuzen Sie dazu einfach an, inwieweit Sie den jeweiligen Aussagen zustimmen.

Errechnen Sie den erzielten Mittelwert der Skala nach folgender Formel: (Wert der Antwort auf Frage 1 + Wert der Antwort auf Frage 2 + Wert der Antwort auf Frage 3 + Wert der Antwort auf Frage 4 + Wert der Antwort auf Frage 5)/5 = Mittelwert

Minimierung						
		Stimme ganz und gar nicht zu				Stimme voll und ganz zu
		1	2	3	4	5
1	Oft kann ich gar nicht stolz sein auf Ziele, die ich erreicht habe!	☐	☐	☐	☐	☐
2	Ich kann selten anerkennen, was ich geschafft habe!	☐	☐	☐	☐	☐
3	Wenn andere sagen, dass ich auf etwas stolz sein kann, bin ich selbst noch längst nicht stolz darauf!	☐	☐	☐	☐	☐
4	Ich werte meine Leistungen ab!	☐	☐	☐	☐	☐
5	Wenn ich für etwas gelobt werde, denke ich oft, dass ein Lob für solch eine Leistung übertrieben ist!	☐	☐	☐	☐	☐
	Mittelwert					

Abb. 3.5 Fragebogen zur Erfassung dysfunktionaler Kognitionen – Minimierung

Der Mittelwert in einer Stichprobe mit 194 Teilnehmern betrug M = 2,90. Liegt der von Ihnen erzielte Mittelwert über diesem Wert, ist dies ein erster Hinweis darauf, dass Sie in überdurchschnittlicher Weise zum Minimieren neigen. Zur systematischen Reduktion des Minimierens empfiehlt sich die Anwendung der beiden Techniken *Anteilsermittlung* und *Merkmalskontinuum*. Mithilfe der Anteilsermittlungstechnik können die Anteile eines vorliegenden Ergebnisses ermittelt werden, die sich auf Fähigkeiten, Kompetenzen oder Eigenschaften der Person selbst zurückführen lassen. Auf diese Weise erkennen Personen, dass erbrachte Leistungen nicht selbstverständlich sind, sondern dass auch der Einsatz persönlicher Kompetenzen erforderlich war, um diese Ergebnisse herbeizuführen. In Verbindung mit der bereits skizzierten Merkmalskontinuum-Technik begreifen Personen darüber hinaus, dass auch das Vorhandensein der ermittelten Kompetenzen nicht selbstverständlich ist, sondern im sozialen Vergleich durchaus ein Grund ist, stolz darauf zu sein. Diese Techniken werden in den Kap. 4.4.10 und 4.14 ausführlich beschrieben.

3.6 Und Überhaupt ... – Übergeneralisierungen

Übergeneralisierungen wurden bereits mehrfach thematisiert – nicht ohne Grund, denn dieser Denkfehler ist sehr weit verbreitet.

▶ Bei einer *Übergeneralisierung* findet eine völlig überzogene oder unbegründete Verallgemeinerung eines Einzelfalls statt. Aus einzelnen Ereignissen oder Erlebnissen werden allgemeine Regeln abgeleitet oder pauschale Schlussfolgerungen gezogen und auf andere Situationen oder Bereiche, seien diese nun ähnlich oder unähnlich, übertragen und angewendet.

Gesetzt den Fall, ein Mitarbeiter erhält eine schlechte Beurteilung für Leistungen in einem zurückliegenden Projekt oder ein Schüler bekommt eine schlechte Note im Fach Französisch, so kann dies zu einer umfassenden Demotivierung werden, wenn solche Ereignisse von den Betroffenen auf einen kompletten Lebensbereich verallgemeinert werden. So könnten Übergeneralisierungen bei dem Schüler beispielsweise zu der Überzeugung führen, dass er prinzipiell Schwierigkeiten hat, Sprachen zu lernen. Der Mitarbeiter, der in einem Projekt eine schlechte Beurteilung erhielt, wechselt im äußersten Fall vielleicht sogar das Unternehmen, weil er seinen Job im Ganzen abwertet.

Einzelereignisse werden nicht selten soweit verallgemeinert, dass Personen denken, ihnen sei in dem betreffenden Bereich noch nie etwas gelungen. Als Konsequenz neigen sie dazu, sich in dem kompletten, von der Übergeneralisierung betroffenen Lebensbereich immer weniger zu engagieren.

Beispiel aus der Praxis

„Wir haben erfolglos versucht, ein neues Marktsegment hinzuzugewinnen! Wir konzentrieren uns nun lieber auf das Kerngeschäft und werden **keinen weiteren** Expansionsversuch mehr unternehmen!"

Generalisierungen sind integraler und funktionaler Bestandteil menschlichen Lernens (z. B. Edelmann 2000). Organismen, die Erfolge oder auch Misserfolge nicht von einer spezifischen Situation oder einem spezifischen Ereignis abstrahieren können, werden keine Erfolgs*rezepte* entwickeln können und auch keine Warnhinweise für zukünftig drohende Misserfolge ableiten können. Dysfunktional werden Generalisierungen, wenn sie zu Übergeneralisierungen werden und plötzlich Lebensbereiche von bestimmten Schlussfolgerungen mitbetroffen sind, die der Ausgangssituation, in welcher der Erfolg oder der Misserfolg aufgetreten ist, in erfolgskritischen Variablen unähnlich sind (Dörner 1989; Reason 1990). Eben dies ist zu prüfen: Gilt beispielsweise die vermeintliche Schwäche in Mathematik auch für das Kopfrechnen an der Kaufhauskasse? Gilt die vermeintliche Schwäche, Sprachen zu lernen, auch für nicht-romanische Sprachen? Oder auch für vermeintliche Stärken: Ist der diesjährige Unternehmenserfolg auch nächstes Jahr garantiert, wenn der Konkurrent sein neues Produkt auf den Markt bringt? Je differenzierter Personen ihre vermeintlichen Defizit- oder auch Kompetenzüberzeugungen mit (miss-)erfolgsrelevanten situativen Umständen in Verbindung bringen können (z. B. statt „Ich kann kein Mathe!" eher „Ich habe mit Aufgaben der Stochastik Schwierigkeiten!"), desto geringer ist die Wahrscheinlichkeit, den Fehler zu begehen, eine neuartige Aufgabe nicht zu bearbeiten, obwohl die Person dabei erfolgreich wäre, und umso geringer ist auch die Wahrscheinlichkeit, den Fehler zu begehen, eine Aufgabe zur Bearbeitung anzunehmen und dabei nicht erfolgreich zu sein.

Unter Zuhilfenahme der Fragen in Abb. 3.6 können Sie prüfen, in welchem Ausmaß Sie zu Übergeneralisierungen neigen. Kreuzen Sie dazu einfach an, inwieweit Sie den jeweiligen Aussagen zustimmen.

Errechnen Sie den erzielten Mittelwert der Skala nach folgender Formel:
(Wert der Antwort auf Frage 1 + (6 − Wert der Antwort auf Frage 2) + Wert der Antwort auf Frage 3 + Wert der Antwort auf Frage 4 + Wert der Antwort auf Frage 5)/5 = Mittelwert

3.7 Mücke oder Elefant? – Übertreibungen

	Übergeneralisierungen					
		Stimme ganz und gar nicht zu		..		Stimme voll und ganz zu
		1	2	3	4	5
1	Ich neige dazu, Dinge, die schiefgelaufen sind, übermäßig zu generalisieren!	☐	☐	☐	☐	☐
2	Wenn mir eine Aufgabe nicht gelingt, kann ich in anderen, ähnlichen Aufgaben dennoch Erfolg haben!	☐	☐	☐	☐	☐
3	Wenn eine Sache schiefläuft, frage ich mich oft, ob ich überhaupt etwas auf die Reihe bekomme!	☐	☐	☐	☐	☐
4	Was mir einmal nicht gelungen ist, wird mir auch sonst nicht gelingen!	☐	☐	☐	☐	☐
5	Wenn ich eine Aufgabe zu einem Zeitpunkt nicht geschafft habe, lasse ich zukünftig besser die Finger davon!	☐	☐	☐	☐	☐
	Mittelwert					

Abb. 3.6 Fragebogen zur Erfassung dysfunktionaler Kognitionen – Übergeneralisierungen

Der Mittelwert in einer Stichprobe mit 194 Teilnehmern betrug $M = 2{,}37$. Liegt der von Ihnen erzielte Mittelwert über diesem Wert, ist dies ein erster Hinweis darauf, dass Sie in überdurchschnittlicher Weise zu Übergeneralisierungen neigen.

Zur systematischen Reduktion des Übergeneralisierens empfiehlt sich die Anwendung einer Reihe von Techniken: *Verhaltensexperiment, intentionales Verstoßen, Wirkungsanalyse* und *Distanzierung*. Sowohl das intentionale Verstoßen wie auch das Verhaltensexperiment zielen darauf ab, systematisch empirische Daten zu sammeln, die für beziehungsweise gegen übergeneralisierende Überzeugungen sprechen. Auf diese Weise gelingt es Personen, den empirisch nicht belegbaren Anteil der *Über*-Generalisierung zu identifizieren. Diesem Ziel dient auch die Distanzierungsmethode, die Personen instruiert, ihre Überzeugungen zu konkretisieren, d. h. zum Beispiel Schlussfolgerungen nur auf konkret beobachtbares Verhalten in räumlich und zeitlich klar definierten Koordinaten zu beziehen. Die bereits beschriebene Wirkungsanalyse entlarvt darüber hinaus die aufrechterhaltenden (Bequemlichkeits-)Motive von Übergeneralisierungen. Diese Techniken werden in den Kap. 4.4.6, 4.4.7, 4.4.5 und 4.4.9 ausführlich beschrieben.

3.7 Mücke oder Elefant? – Übertreibungen

▶ *Übertreibungen* sind mit Übergeneralisierungen verwandt, allerdings beziehen sich Übertreibungen hier ausschließlich auf die Bewertung von vergangenen Einzelereignissen. Eine typische Übertreibung liegt vor, wenn eine Person während eines Vortrags einen Rechtschreibfehler auf einer ihrer Präsentationsfolien entdeckt und daraufhin den gesamten Vortrag als Misserfolg und persönliche Blamage bewertet.

Beispiel aus der Praxis

„Dass wir dem Kunden die Innovation nur am Vorgängermodell demonstrieren konnten, war **absolut peinlich**. Bei dem brauchen wir gar nicht mehr nachzufragen!"

Übertreibungen stellen möglicherweise einen motivationalen Antrieb dar: Die betroffene Person überzeugt sich durch die übertriebene Darstellung eines Ereignisses quasi selbst davon, dass auch Nebensächliches, Randständiges und Details verbessert werden müssen. Übertreibungen wohnt überdies vermutlich eine kommunikativ-provokative Funktion inne: Personen erhaschen durch Übertreibungen die Aufmerksamkeit, gegebenenfalls sogar die Hilfe von anderen Personen.

Dysfunktional sind Übertreibungen, wenn sie dazu führen, dass Personen den Blick für das Wesentliche verlieren und ihre kognitiven Ressourcen stattdessen durch Nebensächlichkeiten oder Trivialitäten absorbiert werden. Problematisch sind Übertreibungen überdies, wenn auch die positiven Aspekte eines Ereignisses von den gezogenen Schlussfolgerungen in negativer Weise betroffen sind (s. o. „… Bei dem Kunden brauchen wir gar nicht mehr nachzufragen!").

Unter Zuhilfenahme der Fragen in Abb. 3.7 können Sie prüfen, in welchem Ausmaß Sie zu Übertreibungen neigen. Kreuzen Sie dazu einfach an, inwieweit Sie den jeweiligen Aussagen zustimmen.

Errechnen Sie den erzielten Mittelwert der Skala nach folgender Formel: (Wert der Antwort auf Frage 1 + Wert der Antwort auf Frage 2 + Wert der Antwort auf Frage 3 + Wert der Antwort auf Frage 4 + Wert der Antwort auf Frage 5)/5 = Mittelwert

Der Mittelwert in einer Stichprobe mit 257 Teilnehmern betrug $M = 2{,}91$. Liegt der von Ihnen erzielte Mittelwert über diesem Wert, ist dies ein erster Hinweis darauf, dass Sie in überdurchschnittlicher Weise zu Übertreibungen neigen.

Zur systematischen Reduktion von Übertreibungen empfiehlt sich die Anwendung der beiden Techniken *Anteilsermittlung* und *Schade-deinem-Feind*. Mithilfe der bereits skizzierten Anteilsermittlungstechnik können die Anteile eines vorliegenden Ergebnisses ermittelt werden, die auf zufällige situative Umstände, allgemeine Umwelteinflüsse und das Verhalten anderer Personen zurückgeführt werden können. Auf diese Weise erkennen Personen, dass das vermeintlich tragische Ergebnis nicht ausschließlich auf sie selbst zurückgeführt werden kann und dass das

3.8 Nichts sehen, nichts hören, nichts sagen ... – ungeprüfte Projektionen

	Übertreibungen					
		Stimme ganz und gar nicht zu		...		Stimme voll und ganz zu
		1	2	3	4	5
1	Ein Tippfehler kann einen ganzen Bericht unseriös wirken lassen!	☐	☐	☐	☐	☐
2	Ich neige dazu, meine Misserfolge als schlimmer wahrzunehmen, als sie es objektiv betrachtet verdient hätten!	☐	☐	☐	☐	☐
3	Ich neige dazu, Dinge übertrieben positiv oder übertrieben negativ zu sehen!	☐	☐	☐	☐	☐
4	Ich messe meinen Fehlern mehr Bedeutung zu, als andere Personen solchen Fehlern Bedeutung beimessen würden!	☐	☐	☐	☐	☐
5	Manchmal mache ich aus einer Mücke einen Elefanten!	☐	☐	☐	☐	☐
	Mittelwert					

Abb. 3.7 Fragebogen zur Erfassung dysfunktionaler Kognitionen – Übertreibungen

Ergebnis insgesamt auch positive Anteile beinhaltet. Die Schade-deinem-Feind-Technik provoziert darüber hinaus einen Perspektivenwechsel und führt Personen auf diese Weise vor Augen, dass das vorliegende Ergebnis für den „ärgsten Feind" der jeweiligen Person, hätte dieser das Ergebnis verursacht, vermutlich überhaupt nicht weiter tragisch wäre, auch wenn dies durchaus wünschenswert wäre, da man dieser Person ja durchaus feindlich gesonnen ist. Durch die Übernahme der Perspektive des „ärgsten Feindes" relativiert sich sodann die negative Bewertung des Ereignisses. Diese Techniken werden in den Kap. 4.4.14 und 4.4.11 ausführlich beschrieben.

3.8 Nichts sehen, nichts hören, nichts sagen ... – ungeprüfte Projektionen

▶ *Ungeprüfte Projektionen* basieren auf der Überzeugung, etwas nicht zu können, obwohl man es zuvor noch nie ausprobiert hat.

Dieses Denkmuster ist nicht ausschließlich, aber doch recht häufig eine Konsequenz des Übergeneralisierens. Überzeugungen dieser Art äußern sich nämlich oft in Gedanken wie: „So etwas kann ich nicht!", „Daran kann man ohnehin nichts ändern!" oder „Bei dem Kunden habe ich sowieso keine Chance!".

Ungeprüfte Projektionen erwachsen häufig aber auch einfach aus der Unkenntnis unmittelbar anwendbarer Mittel zur Problembewältigung oder Zielerreichung. Es handelt sich dann um Gedanken der Hilflosigkeit. Auch auf Bequemlichkeit können ungeprüfte Projektionen zurückgehen – hinter dem vermeintlichen Nicht-Können verbirgt sich dann eher ein Nicht-Wollen. Im Vergleich zu ungeprüften Projektionen, die auf Übergeneralisierungen beruhen, muss in diesen Fällen somit kein direktes Misserfolgserlebnis vorgelegen haben. In jedem Fall aber verhindert dieses Denkmuster, dass Personen motiviert sind, sich in dem betreffenden Bereich anzustrengen oder zu engagieren.

Beispiel aus der Praxis

„Ich **weiß**, dass ich das neue EDV-Programm **nicht** bedienen **können werde**. Ich werde es nicht benutzen!"

Die Funktion dieser Art des Denkens besteht vermutlich darin, zu verhindern, dass Energien in Handlungen fließen, die sich als nutzlos, zu aufwändig oder misserfolgsaffin herausstellen könnten. Nichtstun scheint unter diesen Umständen der geringere zweier möglicher Fehler zu sein – 1) zu handeln, obwohl dies möglicherweise keinen Nutzen abwirft oder 2) eben nicht zu handeln, obwohl die Handlung möglicherweise erfolgreich sein könnte.

Will eine Person ein begehrtes Ziel erreichen, kehrt sich diese Fehlerasymmetrie jedoch um. Daher sollten Personen dieser Denkgewohnheit aktiv entgegentreten und es im Zweifel eher wagen zu handeln. Scheint ein Sachverhalt für eine Person zu komplex, könnte sie versuchen, sich gemeinschaftlich der entsprechenden Aufgabe zu widmen oder zumindest Teilziele zu realisieren.

Ergänzend ist hinzuzufügen, dass ungeprüfte Projektionen auch dann vorliegen, wenn Personen davon überzeugt sind, Aufgaben ohne Schwierigkeiten meistern zu können, ohne mit solchen Aufgaben je Erfahrung gesammelt oder diese zuvor ausprobiert zu haben. Solche Überzeugungen können zwar durchaus berechtigt sein, wird jedoch nicht geprüft, ob die bisher bei ähnlichen Aufgaben vorhandenen erfolgsrelevanten Faktoren auch bei der neuartigen Aufgabe gegeben sind, steigt die Wahrscheinlichkeit für einen Misserfolg. Selbstüberschätzungen, Kontrollillusionen und Machbarkeitsphantasmen sind dann die Zutaten des Scheiterns. Bei jeder Form von ungeprüfter Projektion ist daher – zum Beispiel mithilfe des Verhaltensexperiments – zu prüfen, ob die Situation in (miss-)erfolgskritischen Aspekten bisherigen Situationen ähnlich ist.

Unter Zuhilfenahme der Fragen in Abb. 3.8 können Sie prüfen, in welchem Ausmaß Sie zu ungeprüften Projektionen neigen. Kreuzen Sie dazu einfach an, inwieweit Sie den jeweiligen Aussagen zustimmen.

3.8 Nichts sehen, nichts hören, nichts sagen ... – ungeprüfte Projektionen

Ungeprüfte Projektionen						
		Stimme ganz und gar nicht zu		–		Stimme voll und ganz zu
		1	2	3	4	5
1	Oft denke ich, dass ich etwas nicht kann, obwohl ich es nie zuvor probiert habe!	☐	☐	☐	☐	☐
2	Manche Aufgaben vermeide ich, weil ich überzeugt bin, dass ich sie sowieso nicht bewältigen kann!	☐	☐	☐	☐	☐
3	Ich habe die Erfahrung gemacht, dass ich mich selbst nicht grundlegend ändern kann!	☐	☐	☐	☐	☐
4	Die Welt ist derart komplex geworden, dass man ohnehin keinen Einfluss mehr ausüben kann!	☐	☐	☐	☐	☐
5	Ich fühle mich oft machtlos, Dinge zu verändern!	☐	☐	☐	☐	☐
	Mittelwert					

Abb. 3.8 Fragebogen zur Erfassung dysfunktionaler Kognitionen – ungeprüfte Projektionen

Errechnen Sie den erzielten Mittelwert der Skala nach folgender Formel:
(Wert der Antwort auf Frage 1 + Wert der Antwort auf Frage 2 + Wert der Antwort auf Frage 3 + Wert der Antwort auf Frage 4 + Wert der Antwort auf Frage 5)/5 = Mittelwert

Der Mittelwert in einer Stichprobe mit 194 Teilnehmern betrug $M = 2{,}56$. Liegt der von Ihnen erzielte Mittelwert über diesem Wert, ist dies ein erster Hinweis darauf, dass Sie in überdurchschnittlicher Weise zu ungeprüften Projektionen neigen.

Zur systematischen Reduktion ungeprüfter Projektionen empfiehlt sich die Anwendung einer Reihe von Techniken: *Detektion von Negationen, Wirkungsanalyse, intentionales Verstoßen* und das *Verhaltensexperiment*. Im Falle ungeprüfter Projektionen ist es hilfreich – wie dem Namen schon zu entnehmen ist – die entsprechenden Überzeugungen zu prüfen, um sie gegebenenfalls zu entkräften. Die Techniken Verhaltensexperiment und intentionales Verstoßen zielen, wie bereits skizziert, darauf ab, systematisch empirische Daten zu sammeln, die für oder gegen solche Überzeugungen sprechen. Die Wirkungsanalyse, in deren Rahmen die subjektiven Vor- und Nachteile von Überzeugungen durchdacht werden, entlarvt die „wahren" Motive, die hinter ungeprüften Projektionen stehen – zumeist handelt es sich um Bequemlichkeitsmotive. Die Detektion von Negationen sensibilisiert Personen für Signalwörter wie „nicht", „keinesfalls" und Ähnliches. Personen registrieren auf diese Weise, dass sie unrealistisch oft negative Ausgänge von Ereignissen prognostizieren und viel zu häufig von der Annahme eigener Wirkungslosigkeit ausgehen. Die skizzierten Techniken motivieren Personen in der Regel dazu, bestimmte Handlungen zumindest mal auszuprobieren. Diese Techniken werden in den Kap. 4.4.1, 4.4.5, 4.4.6 und 4.4.7 ausführlich beschrieben.

3.9 Ich denke, dass du denkst, dass ich denke ... – Mind-Reading

Personen tendieren dazu, anderen Personen in ihrer Umgebung bestimmte Absichten, Gedanken oder Wünsche zu unterstellen – dabei gehen sie in Ermangelung objektiver Informationen häufig recht willkürlich vor. So könnte eine Person beispielsweise denken „Er hat mich heute absichtlich nicht beachtet!", „Sie ist sicher sauer auf mich!" oder auch „Ja, die Kunden sind begeistert von meinem Vortrag, ich habe sie überzeugt!".

▶ *Mind-Reading* bezeichnet im Zusammenhang mit dysfunktionalen Kognitionen willkürliche und zumeist negative Schlussfolgerungen hinsichtlich der Gedanken anderer Personen über die eigene Person aus Verhaltensäußerungen dieser anderen Personen.

Beispiel aus der Praxis

„An solchen Neulingen am Markt wie mir, hat der Kunde **sicherlich kein Interesse!**"

Mind-Reading führt häufig zu einer völlig unnötigen Komplizierung von Sachverhalten und sozialen Beziehungen. Demoralisierende, irritierende oder angespannt-vermeidende interpersonale Konstellationen sind die Folge.

Der Terminus Mind-Reading suggeriert zunächst das Vorhandensein einer begehrenswerten Kompetenz. Und in der Tat ist es für eine sozial lebende Spezies wie dem Homo sapiens eine überlebenswichtige Fähigkeit, sich psychologische Zustände und Handlungsintentionen von Artgenossen erschließen zu können (z. B. Baron-Cohen et al. 1985; Schrepfer 2013). Andernfalls wäre es wesentlich schwieriger, Ressourcen auszutauschen oder sich im Team zu koordinieren – auch ein Fußballspiel anzuschauen, wäre sicherlich deutlich weniger attraktiv. Das evolvierte Mind-Reading funktioniert somit durchaus sehr oft sehr gut.

Der Versuch des Mind-Readings, d. h. die Bildung von Hypothesen über aktuelle Motive, emotionale Zustände, Intentionen und Gedanken anderer Personen, stützt sich gelegentlich jedoch bloß auf vage Analogieschlüsse („Sie wird sich

3.9 Ich denke, dass du denkst, dass ich denke ... – Mind-Reading

wohl so fühlen, wie ich mich in der Situation fühlen würde!") und auf die Interpretation ambivalenter Körpersignale („Er zittert – er ist sicher nervös, weil er nicht vorbereitet ist!"). Aufgrund dieser informationalen Unterdeterminiertheit und in Ermangelung verlässlicher Diagnosedaten hinsichtlich des psychischen Zustands anderer Personen liegen Personen mit dem Mind-Reading gelegentlich eben auch falsch. Dabei kann es vorkommen, dass das Mind-Reading eher den eigenen Projektionen („Ich bin selbstsicher, er also wohl auch!") oder auch den eigenen Motiven anheimfällt, falls dies die einzigen verfügbaren Informationsquellen sind. So kann zum Beispiel die eigene Furcht vor Zurückweisung zu Unterstellungen führen wie „Der Chef hat sicher kein Interesse an meinen Ideen!". Dysfunktional wird das Mind-Reading somit genau dann, wenn sich Personen hinsichtlich ihrer Schlussfolgerungen nicht rückversichern, nicht versuchen, diese mit Belegen und Gegenbelegen zu objektivieren, sondern sogleich aufgrund ihrer vagen Vermutungen Konsequenzen ziehen und dementsprechend agieren. Paul Watzlawick skizziert zur Veranschaulichung dieses Sachverhalts folgende Geschichte:

Die Geschichte mit dem Hammer

„Ein Mann will ein Bild aufhängen. Den Nagel hat er, nicht aber den Hammer. Der Nachbar hat einen. Also beschließt unser Mann hinüberzugehen und ihn auszuborgen. Doch da kommt ihm ein Zweifel: Was, wenn der Nachbar mir den Hammer nicht leihen will? Gestern schon grüßte er mich nur so flüchtig. Vielleicht war er in Eile. Vielleicht hat er die Eile nur vorgeschützt, und er hat etwas gegen mich. Und was? Ich habe ihm nichts angetan; der bildet sich da etwas ein. Wenn jemand von mir ein Werkzeug borgen wollte, ich gäbe es ihm sofort. Und warum er nicht? Wie kann man einem Mitmenschen einen so einfachen Gefallen abschlagen? Leute wie dieser Kerl vergiften einem das Leben. Und dann bildet er sich noch ein, ich sei auf ihn angewiesen. Bloß, weil er einen Hammer hat. Jetzt reicht's mir wirklich. – Und so stürmt er hinüber, läutet, der Nachbar öffnet, doch noch bevor er ‚Guten Tag' sagen kann, schreit ihn unser Mann an: ‚Behalten Sie Ihren Hammer, Sie Rüpel!'" (Watzlawick 1988, S. 37 f.).

Unter Zuhilfenahme der Fragen in Abb. 3.9 können Sie prüfen, in welchem Ausmaß Sie zum Mind-Reading neigen. Kreuzen Sie dazu einfach an, inwieweit Sie den jeweiligen Aussagen zustimmen.

Errechnen Sie den erzielten Mittelwert der Skala nach folgender Formel:
(Wert der Antwort auf Frage 1 + Wert der Antwort auf Frage 2 + Wert der Antwort auf Frage 3 + Wert der Antwort auf Frage 4 + Wert der Antwort auf Frage 5)/5 = Mittelwert

Mind-Reading						
		Stimme ganz und gar nicht zu		...		Stimme voll und ganz zu
		1	2	3	4	5
1	Ich unterstelle Personen oft Meinungen, die sich im Nachhinein als haltlos erweisen!	☐	☐	☐	☐	☐
2	Ich glaube oft, dass Personen negativ über mich denken!	☐	☐	☐	☐	☐
3	Oft laufen Gespräche mit Kollegen weniger schwierig, als ich es im Vorfeld erwartet hatte!	☐	☐	☐	☐	☐
4	Es stellte sich schon häufiger heraus, dass mich jemand sympathisch fand, obwohl ich vom Gegenteil ausging!	☐	☐	☐	☐	☐
5	Ich merke sofort, wenn mich jemand nicht mag!	☐	☐	☐	☐	☐
	Mittelwert					

Abb. 3.9 Fragebogen zur Erfassung dysfunktionaler Kognitionen – Mind-Reading

Der Mittelwert in einer Stichprobe mit 194 Teilnehmern betrug M = 2,74. Liegt der von Ihnen erzielte Mittelwert über diesem Wert, ist dies ein erster Hinweis darauf, dass Sie in überdurchschnittlicher Weise zum Mind-Reading neigen.

Zur systematischen Reduktion des Mind-Readings empfiehlt sich die Anwendung einer Reihe von Techniken: *Verhaltensexperiment, intentionales Verstoßen* und die *Wirkungsanalyse*. Die negativen Folgen des Mind-Readings können reduziert werden, wenn für die vagen Hypothesen bezüglich der Intentionen anderer Personen weitere Informationen eingeholt werden. Dieser systematischen Sammlung empirischer Daten zur Erhärtung der entsprechenden Hypothesen dienen die bereits skizzierten Techniken Verhaltensexperiment und intentionales Verstoßen. Geht eine Person beispielsweise davon aus, dass eine andere Person kein Interesse an ihr hat, soll sie sich beim intentionalen Verstoßen an einem Tag so verhalten, als hätte die andere Person Interesse an ihr, am anderen Tag hingegen soll sie sich so verhalten, als hätte sie kein Interesse an ihr. Auf diese Weise kann sie testen, ob ihre Hypothese tatsächlich die erfolgreichere ist. Mithilfe der ebenfalls bereits skizzierten Wirkungsanalyse kann darüber hinaus geprüft werden, welche Vorteile es mit sich bringt, anderen Personen bestimmte Intentionen zu unterstellen („Die Kollegin hat sicher kein Interesse an mir!" – also muss man auch nicht das selbstwertgefährdende Risiko der Zurückweisung einer Einladung in Kauf nehmen!). Die Identifikation dieser oft bloß auf Bequemlichkeit oder Angst gründenden Vorteile baut das Mind-Reading weiter ab. Diese Techniken werden in den Kap. 4.4.5, 4.4.6 und 4.4.7 ausführlich beschrieben.

3.10 Mussturbationen und andere unangenehme Dinge – Du-Musst-/Du-Sollst-Imperative

Ein im universitären Kontext häufig zu vernehmendes Beispiel für einen sogenannten Du-Musst-Imperativ lautet: „Ich muss das Studium schaffen, sonst kriege ich keinen guten Job!".[3] Aus motivationspsychologischer Perspektive ist solch ein – prima facie vielleicht durchaus nachvollziehbarer – Imperativ oder Selbstappell deshalb so problematisch, weil sich Personen dadurch derart unter Druck setzen, dass sie die Lust an der betreffenden Tätigkeit weitgehend verlieren oder gar mit Reaktanz[4] auf ihre introjizierten Zielvorstellungen reagieren und infolge dessen ihr Engagement für die Erreichung derselben völlig einstellen. Gerade die Freude an einer Tätigkeit könnte jedoch nachhaltig beflügeln und zu außergewöhnlichen Erfolgen führen.

▶ *Du-Musst/Du-Sollst-Imperative* sind Gedanken darüber, wie man sich bezüglich einer anstehenden Aufgabe verhalten sollte oder verhalten muss, um nachteilhafte Konsequenzen zu vermeiden, wobei jedoch bestimmte Aspekte wie beispielsweise die Herkunft dieser Forderungen, deren Berechtigung, die genauen Konsequenzen bei Befolgung oder Verstoß, die Passung zu eigenen Motiven oder die Folgen alternativen Verhaltens nicht reflektiert werden.

Beispiel aus der Praxis

„Ich **muss unbedingt** eine neue Idee entwickeln, **sonst** kann ich meine Beförderung vergessen!"

Wer sich jedoch in einem Willensakt im Dienste langfristig bedeutsamer Ziele über aktuell angeregte Konkurrenzmotive hinwegzusetzen beabsichtigt, benötigt geradezu einen solchen Selbstappell als unterstützenden Ausdruck und bewusste Vergegenwärtigung der positiven Konsequenzen des Durchhaltens. Bei sportlichen Aktivitäten über die Schmerzgrenze hinausgehen zu können, ist ohne solche

---

[3] Wegen der Selbstansprache, die vermutlich oft einen internen Dialogcharakter annimmt (z. B. „Los jetzt, komm, das musst du tun!") werden diese Imperative als *Du-Sollst-/Du-Musst-Imperative* bezeichnet, auch wenn sie vermutlich ebenso häufig in der Ich-Form auftreten.

[4] Reaktanz bezeichnet in der Psychologie einen inneren motivationalen Widerstand, der darauf abzielt, bedrohte persönliche Freiheiten direkt oder indirekt wiederherzustellen (Brehm 1966).

Du-Musst-Imperative beispielsweise kaum vorstellbar. Diese Art des Denkens erscheint somit durchaus funktional. Es ist daher offenkundig, dass bei der Einstufung solcher Gedanken als dysfunktional Differenzierungen sowohl hinsichtlich der Aufgabenart als auch hinsichtlich der Aufgabendauer vorgenommen werden müssen: Zumindest bei langanhaltenden und kreativitätsabhängigen Aufgaben würde ein Du-*Kannst*- und Du-*Darfst*-Denken eher die Möglichkeit einer positiven, lustbetonten und befreiten Bearbeitung ermöglichen und die Wahrnehmung für neue Perspektiven und Handlungsgelegenheiten öffnen, als dies bei den zwanghaft-besessenen und mit schwitzender Eifrigkeit abgearbeiteten Du-Musst-Imperativen der Fall ist. Wird der Leidensdruck durch solche Du-*Musst*-Imperative für eine Person so groß, dass sie eher Leistungseinbrüche anstelle von Leistungszuwächsen feststellt, ist die Schwelle zur Dysfunktionalität überschritten. Die entsprechenden Tätigkeiten werden dann nicht ausreichend durch basale Motive oder Fähigkeiten der Person energetisiert – die Person handelt quasi nicht im Einklang mit sich selbst. Oft ist dies der Fall, wenn Ziele unreflektiert von anderen Personen übernommen oder ausschließlich aufgrund gesellschaftlicher Normen verfolgt werden. Wenn Du-Musst-Imperative zu oft nötig werden und doch nicht zum Erfolg führen, sollten sie ein Signal dafür sein, Ziele, die man verfolgt, zu hinterfragen oder möglicherweise zugrunde liegende Zielkonflikte zu klären. Sollte es nämlich nicht möglich sein, nicht einmal Anteile der entsprechenden Handlungen auch als Gelegenheiten oder attraktive Optionen im Sinne eines „Du-Darfst" oder „Ich-Will" wahrzunehmen, steht der langfristige Erfolg infrage.

Ellis und Grieger (z. B. 1977) beleuchten noch eine andere dysfunktionale Facette von Du-Musst-Imperativen. Sie bezeichnen diese Art von Überzeugungen als „Musturbationen" und führen dazu aus, dass Personen in der Regel aus ihren Präferenzen („Ich würde gern …!", „Ich wünsche mir …!") schließen, dass das, was sie sich wünschen, so eintreten *muss* – je stärker der Wunsch, desto absoluter die Forderung, als wäre die Welt nur für den Zweck erschaffen, die Wünsche von Personen zu erfüllen. Das Leid und die Spannung, die durch den noch nicht erfüllten Wunsch erzeugt werden, wachsen auf diese Weise unerträglich an. Zudem geht die geistige Flexibilität verloren: Personen erwägen gar nicht mehr, ob sie nicht auch ohne die Erfüllung des Wunsches ihr Leben bewältigen können oder ob es noch andere Wege zur Erfüllung des hinter dem Wunsch stehenden Bedürfnisses gibt. Musturbationen verstellen durch ihre „Forderungen an die Welt" Personen sogar den Blick dafür, selbst etwas für die Erfüllung von Wünschen unternehmen zu müssen. Steht die Erfüllung des Wunsches indes nicht unter der Handlungskontrolle einer Person, müsste eine eventuelle Nichterfüllung akzeptiert werden. Aber auch in diesem Fall führen Musturbationen zu dysfunktionalen Reaktionen

3.10 Mussturbationen und andere unangenehme Dinge

Du-Musst-/Du-Sollst-Imperative						
		Stimme ganz und gar nicht zu	–			Stimme voll und ganz zu
		1	2	3	4	5
1	Ich stehe während der Arbeit oft unter Erwartungsdruck!	☐	☐	☐	☐	☐
2	Ich verfolge viele Aufgaben mit wenig Lust, nur weil andere die Aufgabenbearbeitung von mir erwarten!	☐	☐	☐	☐	☐
3	Bei Dingen, die ich freiwillig machen kann, habe ich den größten Erfolg!	☐	☐	☐	☐	☐
4	Ich würde mich als zwanghaft-besessenen Arbeiter bezeichnen!	☐	☐	☐	☐	☐
5	Ich erledige Aufgaben oft, weil ich sie erledigen muss, nicht, weil ich sie erledigen möchte!	☐	☐	☐	☐	☐
	Mittelwert					

Abb. 3.10 Fragebogen zur Erfassung dysfunktionaler Kognitionen – Du-Musst-Imperative

wie dem immer stärkeren Hineinsteigern in das Wunschszenario, anstatt durch ein Akzeptieren-Können der Nichterfüllung zur Entspannung beizutragen.

Unter Zuhilfenahme der Fragen in Abb. 3.10 können Sie prüfen, in welchem Ausmaß Sie zu Du-Musst-/Du-Sollst-Imperativen neigen. Kreuzen Sie dazu einfach an, inwieweit Sie den jeweiligen Aussagen zustimmen.

Errechnen Sie den erzielten Mittelwert der Skala nach folgender Formel:
(Wert der Antwort auf Frage 1 + Wert der Antwort auf Frage 2 + Wert der Antwort auf Frage 3 + Wert der Antwort auf Frage 4 + Wert der Antwort auf Frage 5)/5 = Mittelwert

Der Mittelwert in einer Stichprobe mit 194 Teilnehmern betrug M = 3,43. Liegt der von Ihnen erzielte Mittelwert über diesem Wert, ist dies ein erster Hinweis darauf, dass Sie in überdurchschnittlicher Weise zu Du-Musst-/Du-Sollst-Imperativen neigen.

Zur systematischen Reduktion von Du-Musst-/Du-Sollst-Imperativen empfiehlt sich die Anwendung einer Reihe von Techniken: *Worst-Case-Szenario, paradoxe Intention* und die *Begründungssequenz*. Im Rahmen der Erstellung eines Worst-Case-Szenarios werden Personen aufgefordert, die Konsequenzen zu durchdenken, die es hätte, wenn dem belastenden Imperativ nicht gefolgt wird. Auf diese Weise erkennen Personen, dass sie selbst den Worst-Case durchaus bewältigen und gleichzeitig freier und unbelasteter agieren könnten. Die paradoxe Intention verlangt, sich absichtlich konträr zu dem Imperativ zu verhalten. Auch dies kann in bestimmten Fällen eine befreiende Wirkung haben, sodass Personen imstande sind, sich wieder mit bestimmten Aufgaben zu konfrontieren. Die Begründungssequenz fordert Personen zur Angabe von Begründungen für Du-Musst-Imperative auf. Die Technik unterstützt Personen auf diese Weise dabei, zu prüfen, ob sie tatsächlich voll und ganz hinter einer bestimmten Tätigkeit stehen. Diese Techniken werden in den Kap. 4.4.2, 4.4.8 und 4.4.4 ausführlich beschrieben.

3.11 Wenn ich wüsste, dass morgen die Welt unterginge ... – Katastrophisierungen

▶ *Katastrophisierungen* liegen vor, wenn Personen sich die schlimmstmöglichen Konsequenzen eines Misserfolgs oder Versagens ausmalen. Im Gegensatz zu Übertreibungen sind Katastrophisierungen zukunftsbezogen. Personen, die zu Katastrophisierungen neigen, denken beispielsweise: „Wenn ich das nicht schaffe, wäre das eine Katastrophe!". Auch die Möglichkeit, dass sich Ereignisse nicht wie erwünscht einstellen könnten, kann völlig dramatisiert werden.

Die im vorangegangenen Kapitel beschriebenen Du-Musst-Imperative können ebenfalls Katastrophengedanken enthalten, die sich auf die schlimmen Konsequenzen beziehen, sollte dem Imperativ nicht gefolgt werden. Bei Du-Musst-Imperativen stehen jedoch weniger die übertriebenen Konsequenzen eines denkbaren Misserfolgs im Vordergrund als vielmehr der Zwang, etwas gegen möglicherweise nachteilige Konsequenzen von (unterlassenem) Verhalten tun zu müssen. Katastrophisierungen implizieren jedoch in jedem Fall negative Zukunftsprognosen.

Beispiel aus der Praxis

„Wenn mir der Fehler nochmals passiert, werde ich **entlassen!**"

Solche Erwägungen sind hochgradig demotivierend. Manchmal werden Aufgaben aufgrund der antizipierten Katastrophenszenarien gar nicht erst in Angriff genommen. Widmen sich Personen der Tätigkeit dennoch, sind sie bei der Bearbeitung der Aufgabe durch Versagensängste und intrusive Gedanken stark gehemmt. Da unter solchen Umständen ein Teil der psychischen Ressourcen für die Emotionsregulation benötigt wird und somit nicht für die Problemlösung zur Verfügung steht (z. B. Wine 1971) und betroffene Personen dadurch im Prinzip gleich zwei Aufgaben zu bewältigen haben – Problemlösung und Emotionsregulation – sinkt auch ihre Leistung.

Es ist sogar möglich, dass die Wahrscheinlichkeit eines Versagens aufgrund des Wirksamwerdens einer *sich selbst erfüllenden Prophezeiung* steigt. Eine sich selbst

3.11 Wenn ich wüsste, dass morgen die Welt unterginge ...

erfüllende Prophezeiung kann als eine Erwartung definiert werden, die eigenes oder fremdes Verhalten (un)bewusst so beeinflusst, dass das Erwartete tatsächlich geschieht (Jussim 1986, vgl. dazu z. B. auch den Placebo-Effekt). Aus katastrophisierenden Erwartungshaltungen resultieren Angst, Zweifel oder Unsicherheit. Bei der anschließenden Tätigkeit führen diese Emotionen wiederum dazu, dass Personen abgelenkt und gehemmt sind. Aus dem resultierenden unkonzentrierten Verhalten entsteht dann tatsächlich die befürchtete Katastrophe.

Katastrophendenken darf nicht mit einer zur Vorsorge stimulierenden realistischen Gefahrenabwägung oder mit einer persönlichen Schwächenanalyse verwechselt werden – dies wären die durchaus funktionalen Ausprägungsgrade dieser Art des Denkens. Dysfunktional hingegen wird es, wenn eine Person unter Berücksichtigung der Ergebnisse einer sinnvollen situativen Gefahren- und persönlichen Schwächenanalyse eine Entscheidung für eine bestimmte Handlung getroffen hat, dieser gemäß zu handeln beabsichtigt, aber trotzdem noch negative Erwartungshaltungen vorherrschen. Bleiben Katastrophengedanken nämlich auch während der Handlung noch bestehen, wird die Leistung durch intrusive Gedanken unnötig gemindert.

Unter Zuhilfenahme der Fragen in Abb. 3.11 können Sie prüfen, in welchem Ausmaß Sie zu Katastrophisierungen neigen. Kreuzen Sie dazu einfach an, inwieweit Sie den jeweiligen Aussagen zustimmen.

Errechnen Sie den erzielten Mittelwert der Skala nach folgender Formel:

Katastrophisierungen						
		Stimme ganz und gar nicht zu		...		Stimme voll und ganz zu
		1	2	3	4	5
1	Es fällt mir leichter, mir Misserfolge vorzustellen, als mir Erfolge vorzustellen!	☐	☐	☐	☐	☐
2	Ich habe oft Angst davor, bei einer Aufgabe zu versagen!	☐	☐	☐	☐	☐
3	Einen Misserfolg zu erleben, ist für mich eine Katastrophe!	☐	☐	☐	☐	☐
4	Ich male mir oft aus, welche schlimmen Konsequenzen ein mögliches Versagen haben könnte!	☐	☐	☐	☐	☐
5	Ich gehe immer vom Schlimmsten aus!	☐	☐	☐	☐	☐
	Mittelwert					

Abb. 3.11 Fragebogen zur Erfassung dysfunktionaler Kognitionen – Katastrophisierungen

(Wert der Antwort auf Frage 1 + Wert der Antwort auf Frage 2 + Wert der Antwort auf Frage 3 + Wert der Antwort auf Frage 4 + Wert der Antwort auf Frage 5)/5 = Mittelwert
Der Mittelwert in einer Stichprobe mit 257 Teilnehmern betrug M = 2,67. Liegt der von Ihnen erzielte Mittelwert über diesem Wert, ist dies ein erster Hinweis darauf, dass Sie in überdurchschnittlicher Weise zum Katastrophisieren neigen.

Zur systematischen Reduktion des Katastrophisierens empfiehlt sich die Anwendung einer Reihe von Techniken: *Detektion von Negationen, Schade-deinem-Feind* und das *Worst-Case-Szenario*. Die aufgelisteten Techniken wurden bereits skizziert und werden in den Kap. 4.4.1, 4.4.2 und 4.4.11 noch ausführlich beschrieben. In Bezug auf Katastrophisierungen kann die Wirkung der Techniken wie folgt zusammengefasst werden: Die Detektion von Negationen verdeutlicht, dass Katastrophenprognosen unrealistisch oft angenommen werden, das Worst-Case-Szenario illustriert, dass Personen selbst die vermeintliche Katastrophe durchaus bewältigen könnten und die Schade-deinem-Feind-Methode zwingt durch einen Perspektivenwechsel zur relativierenden Neubewertung des vermeintlichen Risikos.

3.12 In Gedankenschleifen gefangen – Ruminieren

▶ Beim *Ruminieren*, also dem gedanklichen Wiederkäuen, neigen Personen dazu, immer wieder zu überlegen, ob bei einem bevorstehenden Ereignis etwas schiefgehen könnte oder sie spielen gedanklich immer wieder die möglichen Wirkungen vergangener Ereignisse durch.

Derartig repetitive Erwägungen wirken ebenfalls demotivierend, weil ein bevorstehendes Ereignis zwar möglicherweise auch Chancen beinhalten könnte und positive Emotionen resultieren könnten, die Aufmerksamkeit stattdessen aber auf die eventuell auftretenden Gefahren gerichtet bleibt. Ruminieren kann sich auch auf das Grübeln über vergangene Ereignisse beziehen. Es handelt sich dann um das zirkuläre innere Nachbearbeiten von zurückliegenden Ereignissen oder Handlungen. In diesem Fall ist das Ruminieren leistungsmindernd, weil es unnötig viel Zeit in Anspruch nimmt, die Vergangenheit ohnehin nicht mehr geändert werden kann und Lehren aus vergangenen Ereignissen für die Zukunft oft nicht einmal gezogen werden – der Fokus verharrt stattdessen auf der sorgenreichen Betrachtung dessen, was geschehen ist. Ruminieren ist ein fortgesetztes, nicht enden wollendes, lähmendes gedankliches Brüten über alle erdenklichen Verängstigungen, die das vergangene oder zukünftige Leben bereithält.

3.12 In Gedankenschleifen gefangen – Ruminieren

Beispiel aus der Praxis

„… und **was ist, wenn** bei der Präsentation **doch** jemand nach der Formel fragt, die ich selbst nicht vollständig verstanden habe?"

Eine Handlung kann vor diesem Hintergrund natürlich nicht befreit und ungehemmt angegangen werden. Zumeist gelingt es den betroffenen Personen aber gar nicht erst, in den Handlungsrealisierungsmodus zu wechseln – sie verharren stattdessen in ihren Sorgen und bleiben in ihren konfligierenden Abwägungen gefangen.

Die inhaltliche Nähe des Ruminierens zum Katastrophisieren ist deutlich erkennbar. Das Ruminieren bezieht sich jedoch eher auf das permanente Grübeln und die repetitive Sorge um sämtliche möglicherweise auftretenden Eventualitäten. Bei einigen Personen hat das Grübeln zudem einen starken Vergangenheitsbezug. Das Katastrophisieren hingegen bezieht sich zumeist auf konkrete zukünftige Einzelereignisse, für die der schlimmstmögliche Ausgang antizipiert wird. Bei starkem Vergangenheitsbezug wiederum ähnelt das Ruminieren dem kontrafaktischen Denken, das sich jedoch häufiger um Wünschenswertes dreht.

Unter Zuhilfenahme der Fragen in Abb. 3.12 können Sie prüfen, in welchem Ausmaß Sie zum Ruminieren neigen. Kreuzen Sie dazu einfach an, inwieweit Sie den jeweiligen Aussagen zustimmen.

Errechnen Sie den erzielten Mittelwert der Skala nach folgender Formel:

Ruminieren						
		Stimme ganz und gar nicht zu	–			Stimme voll und ganz zu
		1	2	3	4	5
1	Ich neige dazu, ausschweifend über Dinge nachzudenken, die mir passieren könnten!	□	□	□	□	□
2	Bevor ich mit einer Aufgabe beginne, denke ich lange darüber nach, was alles schiefgehen könnte!	□	□	□	□	□
3	Manchmal fühle ich mich wie in Gedankenschleifen gefangen!	□	□	□	□	□
4	Ich grüble viel über mögliche negative Folgen einer Handlung!	□	□	□	□	□
5	Ich mache mir zu viele Sorgen!	□	□	□	□	□
	Mittelwert					

Abb. 3.12 Fragebogen zur Erfassung dysfunktionaler Kognitionen – Ruminieren

(Wert der Antwort auf Frage 1 + Wert der Antwort auf Frage 2 + Wert der Antwort auf Frage 3 + Wert der Antwort auf Frage 4 + Wert der Antwort auf Frage 5)/5 = Mittelwert

Der Mittelwert in einer Stichprobe mit 194 Teilnehmern betrug M = 3,83. Liegt der von Ihnen erzielte Mittelwert über diesem Wert, ist dies ein erster Hinweis darauf, dass Sie in überdurchschnittlicher Weise zum Ruminieren neigen.

Zur systematischen Reduktion ruminierenden Denkens empfiehlt sich die Anwendung einer Reihe von Techniken: zum Beispiel *Worst-Case-Szenario, konkretes Ausmalen* und *Ressourcen-Reload*. Durch die Erstellung von Worst-Case-Szenarien erkennen Personen, dass sie mit einer Situation durchaus umgehen können, selbst wenn ihre diesbezüglichen Sorgen berechtigt wären. Das konkrete Ausmalen einer bevorstehenden Situation zielt auf deren Strukturierung ab, was diffuse Befürchtungen abbaut und betroffenen Personen ein Gefühl der Kontrolle verschafft. Im Rahmen des Ressourcen-Reloads vergegenwärtigen sich Personen systematisch und ausgiebig ihre dokumentierten Stärken, mit deren Hilfe sie auch ungewisse Situationen bewältigen können. Diese Techniken werden in den Kap. 4.4.2, 4.4.12 und 4.5.3 ausführlich beschrieben.

3.13 Einzig und allein – Reduktionismus

Einige der bereits erwähnten dysfunktionalen Denkmuster lassen sich als reduktionistisches Denken klassifizieren. Dies gilt beispielsweise und insbesondere für das dichotome Denken, welchem Eigenschaften der Übersimplifizierung innewohnen. Für die im übernächsten Abschnitt noch zu beschreibende selektive Wahrnehmung trifft dies ebenfalls zu. Reduktionistisches Denken kann allerdings auch in Formen auftreten, die nicht dichotom oder Ähnliches sind.

▶ Beim *reduktionistischen Denken* wird ein Phänomen, ein Ereignis, eine Wirkung oder Ähnliches auf eine einzige Ursache zurückgeführt. Ausschließlich diese Ursache wird für das Auftreten des Phänomens, des Ereignisses oder der Wirkung verantwortlich gemacht.

Reduktionistisches Denken ist eine weitere Form einschränkenden Denkens. Eine Person könnte beispielsweise der Überzeugung sein, dass man nur mit den richtigen Beziehungen beruflich weiterkommen kann. Wenn die Person feststellt, dass sie selbst nur über wenige potenziell karrieredienliche Beziehungen verfügt, wird sie möglicherweise dazu neigen, sich beruflich weniger stark zu engagieren. Dabei

3.13 Einzig und allein – Reduktionismus 51

übersieht sie sämtliche anderen Faktoren, die sich ebenfalls als erfolgsstiftend erweisen könnten.

Oder: Ist eine Personen der Überzeugung, dass sie von anderen Personen nur gemocht wird, wenn sie permanent außergewöhnliche Leistungen erbringt, liegt ebenfalls reduktionistisches Denken vor, da Sympathieurteile auf einen einzigen Faktor – nämlich die Leistungsfähigkeit – zurückgeführt werden.

Reduktionistisches Denken ist irrational, da Personen einen Sachverhalt monokausal auf eine einzige Ursache zurückführen und dabei die Vielzahl anderer, ebenfalls wichtiger Einflussfaktoren übersehen, die auch zum (beruflichen) Erfolg führen könnten.

Beispiel aus der Praxis
„Wir bekämpfen **die Ursache** unserer Absatzschwierigkeiten mit einer massiven Gegenaktion!"

Die Funktion reduktionistischen Denkens geht vermutlich auf die Einsparung kognitiver Ressourcen bei der Problembewältigung zurück. Da die menschliche Bewusstseins- und Aufmerksamkeitskapazität beschränkt ist (Dijsterhuis und Nordgreen 2006; Gadenne 1996), sind Personen ohnehin nicht imstande, sämtliche auf ein Phänomen Einfluss nehmenden Faktoren mental zu erfassen. Reduktionistisches Denken wird demnach zwangsläufig zu einem bestimmten Grad an den Tag gelegt. Personen müssen sich auf die vermeintlich zentralen Aspekte eines Problems beziehungsweise Phänomens fokussieren. Wenn dabei jedoch das komplexe Zusammenspiel interagierender Einflussfaktoren übersehen wird, werden auch Nebenwirkungen und Folgeerscheinungen von Handlungen nicht erkannt. Blinder Aktionismus ist häufig die Folge (Dörner 1989). Im Falle essenzieller und existenzieller Probleme ist es daher wichtig, dass sich Personen die notwendigen kognitiven Ressourcen aktiv verschaffen, um damit gegen die natürliche Denkfaulheit vorzugehen und ein Problem mit seinen prognostisch relevanten, zentralen und flankierenden Einflussfaktoren analysieren zu können. Personen sollten sich gegebenenfalls sogar technische Unterstützung verschaffen, um ein Problem abzubilden und die Wirkungen von Handlungen zu simulieren. Zumindest sollten sie sich die zeitlichen Freiräume verschaffen, um die Vielzahl möglicher Einflussfaktoren und deren Rückkopplungen durchdenken zu können.

Mittlerweile häufen sich Befunde (Dijksterhuis und Nordgreen 2006; Gigerenzer 2014; Gigerenzer und Goldstein 1996), die belegen, dass es in komplexen Situationen durchaus zu zufriedenstellenden Entscheidungen kommen kann, wenn Personen auf ihre Intuition vertrauen beziehungsweise simple Faustregeln anwenden.

Das kann zum Beispiel heißen, dass eine reduktionistische Art des Denkens unter solchen Umständen durchaus erfolgreich sein kann (z. B. „Bedenke die Hauptursache und vernachlässige alle anderen Faktoren!"). In komplexen Situationen sollten Personen somit gerade nicht versuchen, rational und umsichtig zu denken. Diese zunächst paradox anmutende Empfehlung geht unter anderem auf die Überlegung zurück, dass das kapazitätsbeschränkte Bewusstsein komplexe Situationen ohnehin nur verzerrt abbilden kann, während unbewusste Informationsverarbeitungsmechanismen geringeren Kapazitätsbeschränkungen unterliegen. Letztere sind zudem imstande, Sinnesdaten parallel zu verarbeiten, und können holistische Urteile fällen. Der Erfolg von Entscheidungen auf intuitiver Basis ist jedoch daran gebunden, dass eine Person Erfahrungen in einem Aufgabenbereich gesammelt hat. Im Zusammenhang mit dysfunktionalen Kognitionen liegen zumeist jedoch Bedingungen vor, die ein intuitives Problemlösen nicht sinnvoll erscheinen lassen.[5] In der Regel haben gerade solche intuitiven Urteile zu den leiderzeugenden, demotivierenden und leistungsmindernden Überzeugungen wie „Nur mit den richtigen Beziehungen kann man erfolgreich sein!" oder „Andere mögen mich nur, wenn ich Leistung erbringe!" geführt. In diesen Fällen fehlen somit umfängliche Alternativerfahrungen und das intuitive Urteil scheitert, weil die tatsächlich prognostisch relevanten Informationen übersehen werden. Hier sind also besondere Maßnahmen und alternative Perspektiven erforderlich, um Personen wieder zu motivieren.

Unter Zuhilfenahme der Fragen in Abb. 3.13 können Sie prüfen, in welchem Ausmaß Sie zum reduktionistischen Denken neigen. Kreuzen Sie dazu einfach an, inwieweit Sie den jeweiligen Aussagen zustimmen.

Errechnen Sie den erzielten Mittelwert der Skala nach folgender Formel:

(Wert der Antwort auf Frage 1 + Wert der Antwort auf Frage 2 + Wert der Antwort auf Frage 3 + Wert der Antwort auf Frage 4 + Wert der Antwort auf Frage 5)/5 = Mittelwert

Der Mittelwert in einer Stichprobe mit 257 Teilnehmern betrug $M = 2{,}68$. Liegt der von Ihnen erzielte Mittelwert über diesem Wert, ist dies ein erster Hinweis darauf, dass Sie in überdurchschnittlicher Weise zum reduktionistischen Denken neigen.

Zum systematischen Abbau reduktionistischen Denkens empfiehlt sich die Anwendung des *Verhaltensexperiments* und der *Wirkungsanalyse*. Das Verhaltensexperiment zielt in diesem Fall darauf ab, die Einseitigkeit monokausal abgeleiteter Überzeugungen aufzudecken, indem durch die systematische Suche nach empiri-

---

[5] Viele der in diesem Buch vorgestellten Techniken propagieren eher ein rationales Vorgehen (vgl. z. B. das Verhaltensexperiment). Die Mehrzahl der Techniken zielt jedoch darauf ab, z. B. durch die Einnahme neuer Perspektiven zunächst eine breitere Datenbasis zu schaffen, um bislang wenig zielführende, also dysfunktionale Intuitionen, prüfen zu können.

3.14 Auch gute Regeln können scheitern – heuristisches Denken

Reduktionismus						
		Stimme ganz und gar nicht zu	...			Stimme voll und ganz zu
		1	2	3	4	5
1	Bei meinen Handlungen wurde ich schon oft von negativen Begleiterscheinungen und Nebeneffekten überrascht!	☐	☐	☐	☐	☐
2	Ich führe Dinge oft auf nur eine Ursache zurück!	☐	☐	☐	☐	☐
3	Ich finde schnell die Ursache für Dinge, die nicht gut laufen!	☐	☐	☐	☐	☐
4	Ich habe schon oft bestimmte negative Folgen meiner Entscheidungen übersehen!	☐	☐	☐	☐	☐
5	Viele Dinge ließen sich schnell durch eine durchgreifende Aktion verbessern!	☐	☐	☐	☐	☐
	Mittelwert					

Abb. 3.13 Fragebogen zur Erfassung dysfunktionaler Kognitionen – Reduktionismus

schen Daten auch Belege für andere denkbare Ursachen gesammelt werden. Die Wirkungsanalyse dient dem gleichen Ziel, der Fokus liegt hier jedoch auf der Entlarvung von Motiven, die reduktionistisches Denken, zum Beispiel aus Bequemlichkeit, aufrechterhalten. Diese Techniken werden in den Kap. 4.4.5 und 4.4.6 ausführlich beschrieben.

3.14 Auch gute Regeln können scheitern – heuristisches Denken

Auf die begrenzten Ressourcen der menschlichen Informationsverarbeitung lässt sich auch das heuristische Denken zurückführen (vgl. Kahneman und Tversky 1972, 1979 u. a.).

▶ *Heuristiken* sind Daumenregeln, die zwar sehr oft zu sehr guten Urteilen und Entscheidungen führen, jedoch nicht immer. Es kann somit zu heuristischen Fehlschlüssen kommen, die zumeist auf die Vernachlässigung relevanter Informationen bei der Urteilsbildung oder Problemlösung zurückgehen.

Nachfolgend werden die wichtigsten Heuristiken aufgeführt:

1. *Verfügbarkeitsheuristik*

Die Leichtigkeit des Abrufs einer Information beziehungsweise einer Vorstellung aus dem Gedächtnis wird als Basis für die Einschätzung von Häufigkeiten, Wahrscheinlichkeiten etc. herangezogen. Dies führt zum Beispiel zur Überschätzung des Vorkommens von Schadensfällen (Kardes 1999).

2. *Rekognitionsheuristik*
Das (Wieder-)Erkennen eines Objekts und Ähnlichem wird als Basis für Entscheidungen zwischen Alternativen beziehungsweise für deren Beurteilungen herangezogen. Dies führt zum Beispiel dazu, dass Personen denken, die Aktien bekannter Unternehmen wären mit höheren Gewinnoptionen verbunden als Aktien unbekannter Unternehmen (vgl. auch Gigerenzer und Goldstein 1996).

3. *Repräsentativitätsheuristik*
Die Typikalität einer Person, Handlung oder eines Objekts für eine Kategorie (Ähnlichkeit mit einem Prototypen) wird als Grundlage für die Einschätzung der Zugehörigkeitswahrscheinlichkeit dieser Entität zu der Kategorie herangezogen. Dies führt zum Beispiel dazu, dass Personen denken, dass diejenigen Produkte, die von außen gut aussehen, auch innen gut sind, da von außen gut aussehende Produkte eben oft zur Kategorie der hochwertigen Waren zählen. Hierzu zählt auch der verbreitete Fehler, bei bedingten Häufigkeitsschätzungen die Basisrate zu vernachlässigen (Kahneman und Tversky 1972): „Pannenfahrzeuge sind oft von der Marke X. Ich kaufe mir kein Fahrzeug der Marke X, weil Xs pannenanfällig sind!" – bei dieser Einordnung der Marke X als Pannenfahrzeug wird die Verbreitung der Marke X nicht berücksichtigt.

4. *Ankerheuristik*
Personen lassen sich bei bewusst zu wählenden Zahlenwerten (z. B. in Schätzaufgaben) von situativen Umgebungsinformationen beeinflussen, die sodann als Ankerwerte (z. B. für den Schätzwert) fungieren. So werden zum Beispiel Urteile über den Wert eines Gegenstands in Richtung dieses Ankerwerts verzerrt gefällt. Dies führt zum Beispiel dazu, dass sich Personen bei Preisverhandlungen an der Höhe des Anfangsangebots orientieren – ist das Anfangsangebot für ein Objekt hoch, so ist auch der vereinbarte Endpreis höher als bei niedrigem Anfangsangebot für dasselbe Objekt (Galinsky und Mussweiler 2001).

Beispiel aus der Praxis

„Der Kunde setzt einen Preis von 4.000 € an. Das scheint mir ein bisschen hoch zu sein – das Produkt ist vermutlich eher **3.000 €** wert!" (Im Mittelwert ist das Produkt für 2.000 € auf dem Markt erhältlich!)

Ein geeignetes Mittel gegen heuristische Fehlschlüsse ist die Berücksichtigung einschlägiger statistischer Daten, wie beispielsweise die Basisrate (z. B. von Er-

3.14 Auch gute Regeln können scheitern – heuristisches Denken

krankungen oder Unfällen) oder die Berücksichtigung von Mittelwerten (z. B. des Preises von Gütern oder von Kursgewinnen), um den Einflüssen subjektiv vertrauter, vital erinnerter Einzelfälle, oberflächlicher Ähnlichkeitsurteile oder der Orientierung an Ankerwerten in geringerem Umfang zu erliegen.

Das heuristische Denken ist im Zusammenhang mit dysfunktionalen Kognitionen ein Spezialfall. Zwar greift die in Kap. 2 genannte Definition des Terminus „dysfunktionale Kognition" auch bei den erwähnten Heuristiken, jedoch handelt es sich in der Regel nicht um von persönlichen Motiven getriebene, „tiefsitzende" Überzeugungen über sich selbst, die Welt oder die Zukunft in immer wiederkehrenden Gedanken. Es sind eher Denkfehler im Sinne von Fehlschlüssen bezüglich der Häufigkeit, Wahrscheinlichkeit oder Wertsetzung bei konkret zu treffenden Sachentscheidungen aufgrund mangelnder Information. Dennoch: Es gibt berufsbezogen-individuelle und organisationale Ziele, die aufgrund heuristischer Denkfehler nicht effizient erreicht werden. Zudem können Übergeneralisierungen, reduktionistisches Denken etc. in der Tat unmittelbar auf heuristischen Fehlschlüssen wie der Repräsentativitätsheuristik oder der Verfügbarkeitsheuristik beruhen. Aus diesen Gründen werden die Heuristiken an dieser Stelle erwähnt. Wegen der skizzierten Besonderheiten wird jedoch auf weitere Ausführungen verzichtet und für eine genauere Auseinandersetzung auf andere Autoren verwiesen (vgl. z. B. Kahneman 2012; Kahneman und Tversky 1972).

Unter Zuhilfenahme der Fragen in Abb. 3.14 können Sie prüfen, in welchem Ausmaß Sie zum heuristischen Denken neigen. Kreuzen Sie dazu einfach an, inwieweit Sie den jeweiligen Aussagen zustimmen.

Heuristisches Denken						
		Stimme ganz und gar nicht zu				Stimme voll und ganz zu
		1	2	3	4	5
1	Bei Entscheidungen beziehe ich mich auf das, was mir als Erstes einfällt!	☐	☐	☐	☐	☐
2	Ich habe schon oft wichtige Informationen bei meinen Entscheidungen übersehen!	☐	☐	☐	☐	☐
3	Ich mache mir oft wenig Mühe, alle für eine Entscheidung relevanten Informationen einzuholen!	☐	☐	☐	☐	☐
4	Ich habe schon festgestellt, dass ich mich bei Urteilen zu stark vom Augenschein leiten lasse!	☐	☐	☐	☐	☐
5	Ich war mir bei Entscheidungen schon oft subjektiv sicher, obwohl sie sich im Nachhinein als falsch herausgestellt haben!	☐	☐	☐	☐	☐
	Mittelwert					

Abb. 3.14 Fragebogen zur Erfassung dysfunktionaler Kognitionen – heuristisches Denken

Errechnen Sie den erzielten Mittelwert der Skala nach folgender Formel:
(Wert der Antwort auf Frage 1 + Wert der Antwort auf Frage 2 + Wert der Antwort auf Frage 3 + Wert der Antwort auf Frage 4 + Wert der Antwort auf Frage 5)/5 = Mittelwert

Der Mittelwert in einer Stichprobe mit 257 Teilnehmern betrug M = 2,80. Liegt der von Ihnen erzielte Mittelwert über diesem Wert, ist dies ein erster Hinweis darauf, dass sie in überdurchschnittlicher Weise zum heuristischen Denken neigen.

Zur systematischen Reduktion heuristischer Fehlschlüsse empfiehlt sich die Anwendung des *Verhaltensexperiments*. Wie bereits erwähnt, können heuristische Fehlschlüsse vermieden werden, wenn eine möglichst objektive „Außenperspektive" eingenommen wird, die weniger anfällig für die Überbewertung von vital verfügbaren (Einzel-)Ereignissen ist etc. Zur Generierung einer solchen Außenperspektive sind statistische Daten zu bemühen. Diese können sodann systematisch im Rahmen des Verhaltensexperiments zusammengetragen und bewertet werden. Die Technik wird ausführlich in Kap. 4.4.6 beschrieben.

3.15 Einer dieser Tage – selektive Wahrnehmung

▶ *Selektive Wahrnehmung* beschreibt das Phänomen, dass Personen nur bestimmte Aspekte der Umwelt wahrnehmen und andere Sachverhalte systematisch ausblenden.

Nicht selten äußern Personen Überzeugungen, wie zum Beispiel: „Heute ist wirklich alles schiefgegangen!". In diesem Fall nehmen Personen selektiv nur diejenigen Dinge wahr, die schlecht gelaufen sind und ignorieren Ereignisse, die gut gelaufen sind (oder auch vice versa).

Beispiel aus der Praxis

„**Nichts** funktioniert hier – mit der Einführung des neuen Systems hat sich **alles** verschlechtert!"

Einige der bereits erwähnten dysfunktionalen Denkmuster basieren darauf, dass Sachverhalte nur selektiv wahrgenommen werden. Insbesondere gilt dies für dichotomes Denken, Übertreibungen, reduktionistisches und heuristisches Denken. Aufgrund ihrer beschränkten Aufmerksamkeitskapazität sind Menschen, wie bereits erwähnt, in der Regel nicht dazu imstande, sämtliche relevanten Aspekte eines Problems oder Sachverhalts zu überblicken. Wie oben beschrieben, kann dies durchaus funktional sein. Dysfunktional wird die selektive Wahrnehmung jedoch dann, wenn ausschließlich die negativen Aspekte den Aufmerksamkeitsfilter passieren und die Wahrnehmung der positiven Facetten nicht zugelassen wird.

Personen sollten dann aktiv gegen den sogenannten *Confirmation Bias* vorgehen. Dieser Effekt bezeichnet die Tatsache, dass Personen zur Verifizierung ihrer Annahmen neigen, d. h., sie suchen und registrieren eher Informationen, die ihre Hypothesen bestätigen und ignorieren Informationen, die ihren Annahmen zuwiderlaufen (z. B. Darley und Gross 1983). Dieser Bestätigungstendenz kann insofern entgegengewirkt werden, als sich Personen in entsprechend negativ gestimmter Verfassung aktiv auffordern können, sich positive Geschehnisse an dem betreffenden Tag zu vergegenwärtigen (vgl. dazu auch das Glückstagebuch, Kap. 4.4.1). Personen können überdies versuchen, die positiven Aspekte vermeintlich negativer Ereignisse zu identifizieren. Erfahrungsgemäß kann die nachfolgend skizzierte, aus unbekannter Quelle stammende Geschichte von einem weisen alten Mann zu diesem Zweck instrumentalisiert werden und zur Relativierung der eigenen Position motivieren, sei diese nun selektiv positiv oder selektiv negativ gefärbt:

Geschichte von einem weisen alten Mann

„Ein alter Mann besaß ein wunderschönes weißes Pferd. Eines Morgens fand er sein Pferd nicht im Stall. Das ganze Dorf versammelte sich und die Leute sagten: ‚Du dummer alter Mann! Wir haben immer gewusst, dass das Pferd eines Tages gestohlen würde. Welch ein Unglück!' Der alte Mann sagte: ‚Geht nicht soweit, das zu sagen. Sagt einfach: Das Pferd ist nicht im Stall. So viel ist Tatsache, alles andere ist Urteil. Ob es ein Unglück ist oder ein Segen, weiß ich nicht.' Die Leute lachten den Alten aus. Nach zwei Wochen kehrte der Schimmel, der nur in die Wildnis ausgebrochen war, mit einer Schar wilder Pferde zurück. ‚Du hast recht gehabt, alter Mann', sprach das ganze Dorf, ‚es war ein Segen, kein Unglück!' Darauf erwiderte der Greis: ‚Ihr geht wieder zu weit. Tatsache ist nur, dass das Pferd zurückgekehrt ist.' Der alte Mann hatte einen Sohn, der nun mit diesen Pferden zu arbeiten begann. Doch bereits nach einigen Tagen stürzte er von einem Pferd und brach sich beide Beine. Im Dorf sprach man nun: ‚Alter Mann, du hattest Recht, es war ein Unglück, denn dein einziger Sohn, der dich im Alter versorgen könnte, kann nun seine Beine nicht mehr gebrauchen.' Darauf antwortete der Mann: ‚Ihr geht wieder zu weit. Sagt doch einfach, dass sich mein Sohn die Beine gebrochen hat. Wer kann denn wissen, ob dies ein Unheil ist oder ein Segen?' Bald darauf brach ein Krieg im Lande aus. Alle jungen Männer wurden in die Armee eingezogen. Einzig der Sohn des alten Mannes blieb daheim, weil er ein Krüppel war. Die Bewohner des Dorfes meinten: ‚Der Unfall war ein Segen, du hattest Recht' Darauf entgegnete der alte Mann: ‚Warum seid ihr vom Urteilen so besessen? Richtig ist nur, dass eure Söhne ins Heer eingezogen wurden, mein Sohn jedoch nicht. Ob dies ein Segen oder ein Unglück ist, wer weiß?'" (gekürzt und modifiziert nach Millman 2008).

Selektive Wahrnehmung						
		Stimme ganz und gar nicht zu		...		Stimme voll und ganz zu
		1	2	3	4	5
1	Wenn ich schlechter Laune bin, nehme ich überall Dinge wahr, die mich in meiner schlechten Stimmung bestätigen!	☐	☐	☐	☐	☐
2	Manchmal nehme ich die Umwelt wie in einem Tunnelblick wahr!	☐	☐	☐	☐	☐
3	Wenn eine Sache schiefgelaufen ist, ist meist der ganze Tag im Eimer!	☐	☐	☐	☐	☐
4	Wenn ich negative Gedanken über ein Ereignis habe, fällt es mir schwer, positive Aspekte des Ereignisses oder auch positive Aspekte anderer Ereignisse zu sehen!	☐	☐	☐	☐	☐
5	Ich denke oft: „Heute ist wirklich alles schiefgelaufen!"	☐	☐	☐	☐	☐
	Mittelwert					

Abb. 3.15 Fragebogen zur Erfassung dysfunktionaler Kognitionen – selektive Wahrnehmung

Unter Zuhilfenahme der Fragen in Abb. 3.15 können Sie prüfen, in welchem Ausmaß Sie zur selektiven Wahrnehmung neigen. Kreuzen Sie dazu einfach an, inwieweit Sie den jeweiligen Aussagen zustimmen.

Errechnen Sie den erzielten Mittelwert der Skala nach folgender Formel:

(Wert der Antwort auf Frage 1 + Wert der Antwort auf Frage 2 + Wert der Antwort auf Frage 3 + Wert der Antwort auf Frage 4 + Wert der Antwort auf Frage 5)/5 = Mittelwert

Der Mittelwert in einer Stichprobe mit 194 Teilnehmern betrug M = 3,35. Liegt der von Ihnen erzielte Mittelwert über diesem Wert, ist dies ein erster Hinweis darauf, dass Sie in überdurchschnittlicher Weise zur selektiven Wahrnehmung neigen.

Zur Reduktion selektiven Denkens empfiehlt sich die Anwendung der beiden Techniken *Anteilsermittlung* und *Distanzierung*. Beide bereits skizzierten Techniken zielen auf die Verdeutlichung der Reichhaltigkeit und Differenziertheit von Phänomenen und Ereignissen ab, womit die Einseitigkeit des selektiven Denkens reduziert wird. Diese Techniken werden in den Kap. 4.4.9 und 4.4.14 ausführlich beschrieben.

3.16 Schlussbemerkungen zur Identifikation und Verbreitung dysfunktionaler Denkmuster

Die in diesem Kapitel vorgenommene Auflistung dysfunktionaler Denkmuster erhebt keinen Anspruch auf Vollständigkeit. Auch ist auf den ersten Blick ersichtlich, dass es zwischen den einzelnen Denkmustern teils größere Schnittmengen gibt. Hinzu kommt noch, dass eine einzelne dysfunktionale Kognition sich gegebenenfalls mehreren Denkmustern zuordnen lässt. Die hier aufgelisteten Denkmuster lassen sich jedoch nicht vollständig auf andere reduzieren. Daher erscheint die vorgenommene Auflistung eine nützliche Balance zwischen Abstrahierung und Konkretisierung darzustellen, einerseits um die Mehrzahl existierender dysfunktionaler Kognitionen abdecken zu können und Personen damit die Identifikation eigener dysfunktionaler Kognitionen zu erleichtern, andererseits um eine noch hinreichend differenzierende und überschaubare Systematik zur Verfügung stehen zu haben.

3.16.1 Die Identifikation und Messung dysfunktionaler Denkmuster

Mithilfe der im letzten Kapitel vorgenommenen Auflistung der am weitesten verbreiteten dysfunktionalen Denkmuster ist es Ihnen möglicherweise bereits gelungen, eigene dysfunktionale Denkmuster zu entlarven oder eigene Gedanken diesen Denkmustern zuzuordnen.

Es ist jedoch nachvollziehbar, dass die Identifikation von Gedankenmustern mit einigen Schwierigkeiten behaftet ist, insbesondere wenn diese Gedankenmuster nicht eindeutig verbalisierbar sind oder das Wirksamwerden der entsprechenden gedanklichen Vorgänge gar nicht erst bewusst wird. Dies kann bei irrationalen Überzeugungen durchaus der Fall sein. So ist es beispielsweise möglich, dass eine Person ihr bisheriges Leben primär auf ihre Karriere ausgerichtet hat. Dabei hat sie ein für sie selbst belastendes Arbeitspensum absolviert und schmerzliche Opfer in anderen Lebensbereichen dafür in Kauf genommen, ohne dass ihr das Motiv dafür bewusst gewesen wäre; d. h., ohne dass sie explizit hätte verbalisieren können, dass sie der Überzeugung ist, von anderen Personen nur akzeptiert zu werden, wenn sie außergewöhnliche Leistungen erbringt. So ist es möglich, um ein weiteres Beispiel zu benennen, dass eine Führungskraft in der Hierarchieleiter nie richtig vorangekommen ist und sich in einem ständigen Konflikt zwischen den Leistungsanforderungen ihrer Führungsrolle einerseits und der Berücksichtigung der individuellen Bedürfnisse ihrer Mitarbeiter andererseits befindet, ohne dass sie sich je bewusst gemacht hätte, dass die Ursache dafür in ihrer irrationalen Überzeugung begründet liegt, bei allen immer beliebt sein zu müssen. Es lassen sich auch völlig triviale hypothetische Beispiele konstruieren: Eine Person möchte während eines Auslandsaufenthalts gern effektiver kommunizieren können, erwägt aber gar nicht erst die Teilnahme an einem Sprachkurs, weil sie implizit der Überzeugung ist, nicht sprachbegabt zu sein. Dysfunktionale Überzeugungen sind in der einen oder anderen Manifestation durchaus bewusstseinsfähig, aber sie sind eben nicht bewusstseinspflichtig.

Viele dysfunktionale Überzeugungen üben somit eine latente Wirkung aus, und es ist Personen oft nicht bewusst, dass sich ihre Entscheidungen, Handlungen und emotionalen Zustände auf solche Überzeugungen gründen. Doch selbst wenn solche Überzeugungen bewusst sind, werden sie selten als irrational und dysfunktional erkannt. Beispielsweise wäre auch denkbar, dass die Person, die außergewöhnliche Leistungen erbringen will, um bei anderen Anerkennung zu finden, durchaus durchschaut, warum sie sich permanent überlastet. Sie würde dies aber vermutlich nicht als irrationale Überzeugung ansehen – solange keine gesundheitlichen Konsequenzen oder Ähnliches entstehen, denkt sie vermutlich eher, dass die Überzeugung berechtigt sei.

Personen lassen sich von irrationalen Überzeugungen leiten, sie gründen ihre Entscheidungen darauf und passen ihr Verhalten entsprechend an. Eine entscheidende Voraussetzung für den Abbau dysfunktionaler Kognitionen besteht daher darin, diese Überzeugungen bewusst zu machen und zu prüfen, ob Verhaltensweisen oder Entscheidungen und die damit verbundenen belastenden Affekte sich auf eine der beschriebenen Kategorien dysfunktionalen Denkens zurückführen lassen. Wenn eine Person beispielsweise bemerkt, dass sie sich mehrere Stunden lang ausschließlich Gedanken darüber gemacht hat, wie einfach alles sein könnte und wenn sie dies sodann als kontrafaktisches Denken erkennt und weiß, dass dies eine aktive Problemlösung behindert, ist sie eher imstande, sich von solchen Gedanken zu lösen. Wie kann es aber nun gelingen, dysfunktionale Kognitionen zu entdecken?

Es gibt durchaus Hinweise auf das Vorhandensein dysfunktionaler Kognitionen. Persönlicher Leidensdruck beispielsweise kann ein Hinweis und Anreiz zugleich sein, die eigenen Gedanken daraufhin zu prüfen, ob ihnen dysfunktionale Strukturen zugrunde liegen. Darüber hinaus sollten innere Dialoge, die Begriffe wie „muss" oder „soll" oder „entweder … oder" enthalten, ein Warnsignal sein. Effektiv in diesem Zusammenhang ist auch die Fähigkeit, für das Wort „nicht" oder für andere Negationen, wie zum Beispiel „nie" oder „kein", in den Gedanken sensibel zu sein, denn dies deutet zumeist auf eine negativ verzerrte Perspektive hin

3.16 Schlussbemerkungen zur Identifikation und Verbreitung …

wie „Das kann ich nicht!", „Das hat keinen Sinn!", „Da kann ich nichts machen!", „Das ist nicht mein Fall!" oder „Das funktioniert ohnehin nicht!". In Bezug auf die Entlarvung kontrafaktischen Denkens können konjunktivische Gedankenelemente ein Hinweis sein, wie zum Beispiel „könnte" oder „hätte" („Hätte ich doch einen anderen Job gewählt!") oder auch „fast" und „beinahe". Übergeneralisierungen sind zumeist mit pauschalisierenden Begriffen kodiert wie „alles", „nichts", „nie" oder „überhaupt". Es bedarf nur einiger unterstützender Anmerkungen und es fällt Personen mit ein wenig Übung erfahrungsgemäß leicht, solche sprachlichen Strukturen in ihren Gedanken zu detektieren. Das Führen eines Tagebuchs kann dabei ebenfalls behilflich sein. Leistungsdefizite, Leistungseinbrüche oder Zustände der Demotivierung können überdies Hinweise auf das Vorhandensein dysfunktionaler Kognitionen sein. Und auch die Feststellung, dass vergleichbaren anderen Personen die Befriedigung ihrer Bedürfnisse effizienter oder nachhaltiger zu gelingen scheint, kann auf eigene dysfunktionale Gedankenmuster hinweisen.

In Bezug auf ein konkretes Ereignis kann die Methode der Thought Records (vgl. z. B. Leahy 2007) eingesetzt werden. Diese Technik setzt gewisse Kenntnisse über dysfunktionale Gedankenmuster voraus. In Bezug auf eine bestimmte Situation, sei diese nun belastend, demotivierend oder leistungsmindernd, soll eine Person möglichst vollständig ihre Gedanken registrieren und falls möglich niederschreiben. In einem zweiten Schritt kann geprüft werden, ob und welche dieser Gedanken sich in eine der Kategorien dysfunktionalen Denkens rubrizieren lassen. Eine solche Gedankensammlung kann auch *nach* einem negativen Erlebnis erstellt werden, um besser identifizieren zu können, ob im Anschluss an das Ereignis dysfunktionale Gedanken greifen (wie z. B. kontrafaktisches Denken „Warum musste das ausgerechnet mir passieren?").

Es existieren zahlreiche weitere Techniken, mit deren Hilfe dysfunktionale Gedanken identifiziert werden können. Dazu gehören auch die ABC-Analyse und die Begründungssequenz-Technik. Diese beiden Techniken werden in Kap. 4 vorgestellt, da sie auch zur Reduktion dysfunktionaler Kognitionen eingesetzt werden. Personen können sich auch in bestimmten Intervallen dazu auffordern, sich einfach beliebige Überzeugungen vorzunehmen und zu prüfen, ob man nicht auch das Gegenteil davon annehmen könnte. Zudem helfen Konkretisierungsaufforderungen dabei, dysfunktionale Denkmuster zu entlarven: Ist eine Person beispielsweise der Überzeugung „Es ist schlimm für mich, wenn der Kunde sich nicht meldet!", kann sie dieses Statement nun Wort für Wort analysieren und versuchen zu konkretisieren, was sie eigentlich genau mit den verwendeten Wörtern meint: Was bedeutet „schlimm"? – welche Emotionen treten auf? – wie lange? – wie intensiv? – warum treten sie auf? – kenne ich solche Emotionen aus anderen Situationen? –

reagieren andere Personen ähnlich? – wie bin ich bisher selbst damit umgegangen? – wie gehen andere damit um? – habe ich schon Schlimmeres erlebt? etc. „Warum denke ich, dass er sich nicht meldet?" – hat er dies in der Vergangenheit auch schon getan? – hat er dies bei anderen auch schon getan? – welche Gründe könnte er haben? – welcher Zeitraum wäre angemessen, sich zu melden? etc. Ein ständiges Hinterfragen mit „Warum denke ich?" würde in diesem beispielhaften Fall vermutlich eine Übertreibung offenlegen. In der Tat ist dabei darauf zu achten, dass sich die Person nicht etwa fragt, warum es schlimm ist, sondern warum sie denkt, dass es schlimm ist – auf diese Weise gibt sie nämlich der Einsicht eine Chance, dass die Ursache für die unangenehme Situation gegebenenfalls auf *ihre* überzogen negative Interpretationen der Situation (z. B. „Ich denke, ich bin es nicht wert!") und nicht auf die Situation per se zurückgeht.

Zur Lösung des skizzierten Identifikationsproblems dysfunktionaler Denkmuster kann auch ein Fragebogen hilfreich sein, mit dessen Hilfe die Ausprägung typischer berufsbezogener dysfunktionaler Gedanken beispielhaft abgefragt wird. Ein solcher Fragebogen wurde von meinem Forscherteam entwickelt. Die verschiedenen Subskalen dieses Fragebogens zur Messung dysfunktionaler Kognitionen wurden Ihnen bereits bei der Beschreibung der verschiedenen dysfunktionalen Denkmuster, in Kap. 3, vorgestellt. Mithilfe dieses Diagnostikums können somit auch die Verbreitung und das Ausmaß berufsbezogener dysfunktionaler Kognitionen erfasst werden.

3.16.2 Die Verbreitung dysfunktionaler Kognitionen im Arbeitsalltag

Dysfunktionale Kognitionen wurden bislang primär im klinischen Bereich untersucht. Die Frage erscheint interessant, ob solche Gedanken und Denkmuster auch im nicht-pathologischen Bereich, also bei gesunden Berufstätigen, verbreitet sind. Dies ist der Fall, wie die Ergebnisse mehrerer eigener Untersuchungen zeigen:

In einer Untersuchung, an der 31 Berufstätige teilnahmen, gab die überwiegende Mehrzahl der Befragten (87,1 %) an, in letzter Zeit mit mindestens einem dysfunktionalen Denkmuster konfrontiert gewesen zu sein, und dies relativ häufig. So ist kontrafaktisches Denken beispielsweise beinahe 60 % der Befragten bekannt und diese 60 % der Befragten unterliegen diesem Denkmuster im Durchschnitt 8,2- mal im Monat (vgl. Abb. 3.16). Man möge sich die Konsequenzen dieser Befunde vergegenwärtigen, wenn Personen circa zweimal wöchentlich denken: „Hätte ich doch lieber einen anderen Job gewählt!"

Auch die Skalenmittelwerte des vorgestellten Fragebogens, d. h., die von den mittlerweile über 250 befragten Berufstätigen im Durchschnitt angegebene Aus-

3.16 Schlussbemerkungen zur Identifikation und Verbreitung ...   63

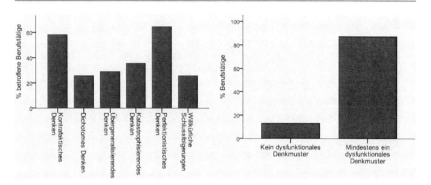

Abb. 3.16 Die Verbreitung dysfunktionaler Kognitionen bei Berufstätigen

prägung des entsprechenden dysfunktionalen Denkmusters, nehmen zum Teil recht beeindruckende Werte an. Sie bewegen sich zwar im mittleren Skalenbereich, dies bedeutet jedoch, dass die Befragten solch extremen Aussagen wie „Andere mögen mich nur, wenn ich Leistungen erbringe!", „Ich gehe immer vom Schlimmsten aus!", „Ich werte meine Leistungen ab!", „Ich fühle mich machtlos, Dinge zu verändern!" oder „Ich würde mich als zwanghaft-besessenen Arbeiter bezeichnen!" zum Teil zustimmen, dass ihnen solche Überzeugungen beziehungsweise Gedanken nicht völlig fremd sind, sondern dass sie ihnen in manchen Bereichen oder hin und wieder tatsächlich unterliegen. Zu bedenken ist auch, dass es sich bei den Angaben um Mittelwerte handelt – selbstverständlich unterliegt nicht jede befragte Person jeder dysfunktionalen Überzeugung. Die Maximalwerte, d. h. die höchsten von mindestens einem Probanden angekreuzten Werte, liegen denn auch bei fast allen Fragen bei einem Skalenwert von 5. Dies bedeutet, dass einige Mitarbeiter solchen dysfunktionalen Kognitionen in maximaler Ausprägung unterliegen. Zudem erzielt beinahe jeder Befragte bei mindestens einer dysfunktionalen Kognition den Maximalwert. Schlagen sich dysfunktionale Gedanken auch nur bei wenigen Mitarbeitern in einem Arbeitsteam in mangelnder Leistung nieder, wäre dies allein schon Grund genug, gegensteuernde Maßnahmen zu ergreifen. Zu bedenken ist in diesem Zusammenhang nämlich auch, dass dysfunktionale Kognitionen durchaus „ansteckend" sind. Das festgestellte Antwortverhalten der Probanden stellt daher einen Beleg dafür dar, dass die Thematik „dysfunktionale Kognitionen" für den organisationalen Kontext hochgradig relevant ist.

Die Verbreitung, Häufigkeiten und die Ausprägungen dysfunktionaler Gedanken bei Mitarbeitern und Führungskräften sind mithin beeindruckend hoch. Aus einer weiteren Untersuchung meines Forscherteams mit 45 Probanden ist bekannt, dass gesunde Personen (Studierende und Berufstätige) beinahe pathologische Grenzwerte in Skalen zur Erfassung dysfunktionaler Kognitionen erreichen. Die genannten Gruppen (Studierende und Berufstätige) unterschieden sich hinsichtlich der Ausprägung dysfunktionalen Denkens statistisch auch nicht signifikant von einer Gruppe, die sich aus Depressiven und Angstpatienten zusammensetzte. Dies ist bemerkenswert, da es als erwiesen gilt, dass dysfunktionale Kognitionen eine zwar nicht notwendige, aber durchaus „hinreichende" Ursache für Depressionen sein können (s. dazu Kap. 5).

Aus solchen Befunden kann man unschwer schließen, dass sich dysfunktionale Kognitionen negativ in zahlreichen direkt oder indirekt leistungsbezogenen Bereichen wirtschaftlichen Handelns niederschlagen müssen. Dies wird in Kap. 5 genauer analysiert. Zunächst jedoch werden Techniken zur Reduktion dysfunktionaler Kognitionen vorgestellt.

Literatur

Aspinwall, L. G., & Taylor, S. E. (1993). The effects of social comparison direction, threat, and self-esteem on affect, self-evaluation, and expected success. *Journal of Personality and Social Psychology, 64,* 708–722.
Baron-Cohen, S., Leslie, A. M., & Frith, U. (1985). Does the autistic child have a theory of mind? *Cognition, 21*(1), 37–46.
Beck, A. T. (1967). *Depression: Clinical, experimental, and theoretical aspects.* New York: Hoeber. (Republished as *Depression: Causes and treatment.* Philadelphia: University of Pennsylvania Press).
Beck, A. T. (1991). Cognitive therapy: A 30 year retrospective. *American Psychologist, 46,* 368–375.
Beck, J. S. (1995). *Cognitive therapy: Basics and beyond.* New York: Guilford.
Beck, A. T. (2005). *Anxiety disorders and phobia: A cognitive perspective.* New York: Basic Books.
Beck, A. T., Rush, A. J., Shaw B. F., & Emery, G. (1999). *Cognitive therapy of depression.* New York: Guilford.
Brehm, J. W. (1966). *Theory of psychological reactance.* New York: Academic.
Darley, J. M., & Gross, P. H. (1983). A hypothesis-confirming bias in labelling effects. *Journal of Personality and Social Psychology, 44,* 20–33.
Dijksterhuis, A., & Nordgren, L. F. (2006). A theory of unconscious thought. *Perspectives on Psychological Science, 1,* 95–109.
Dörner, D. (1989). *Die Logik des Misslingens. Strategisches Denken in komplexen Situationen.* Reinbek: Rowohlt.
Edelmann, W. (2000). *Lernpsychologie.* Weinheim: Beltz.
Ellis, A. (1962). *Reason and emotion in psychotherapy.* New York: Stuart.
Ellis, A. (2007). *How to make yourself happy and remarkably less disturbable.* Atascadero: Impact Publishers.
Ellis, A., & Grieger, R. (1977). *Handbook of rational-emotive therapy.* New York: Springer.
Festinger, L. (1954). A theory of social comparison processes. *Human Relations, 7,* 117–140.

Literatur

Frost, R. O., Marten, P., Lahart, C., & Rosenblate, R. (1990). The dimensions of perfectionism. *Cognitive Therapy and Research, 14*(5), 449–468.
Gadenne, V. (1996). *Bewusstsein, Kognition und Gehirn – Einführung in die Psychologie des Bewusstseins*. Bern: Huber.
Galinsky, A. D., & Mussweiler, T. (2001). First offers as anchors. The role of perspective-taking and negotiator focus. *Journal of Personality and Social Psychology, 81*(4), 657–669.
Gigerenzer, G. (2014). *Risk savvy. How to make good decisions*. New York: Viking Adult.
Gigerenzer, G., & Goldstein, D. G. (1996). Reasoning the fast and frugal way. Models of bounded rationality. *Cognitive Science, 103*(4), 650–666.
Gutierres, S. E., Kenrick, D. T., & Partch, J. (1999). Contrast effects in self-assessment reflect gender differences in mate selection criteria. *Personality and Social Psychology Bulletin, 25*, 1126–1134.
Jussim, L. (1986). Self-fulfilling prophecies: A theoretical and integrative review. *Psychological Review, 93*, 429–445.
Kahneman, D. (2012). *Schnelles Denken, langsames Denken*. München: Siedler.
Kahneman, D., & Tversky, A. (1972). Subjective probability: A judgment of representativeness. *Cognitive Psychology, 3*, 430–454.
Kahneman, D., & Tversky, A. (1979). Prospect theory. An analysis of decision under risk. *Econometrica, 47*, 263–291.
Kardes, F. R. (1999) *Consumer behavior and managerial decision making*. Reading: Addison Wesley.
Kenrick, D. T. (2010). But his is bigger! A sad story of irrational social comparison. https://www.psychologytoday.com/blog/sex-murder-and-the-meaning-life/201010/his-is-bigger-sad-story-irrational-social-comparison. Zugegriffen: 14. Aug. 2014.
Leahy, R. L. (2007). *Techniken kognitiver Therapie. Ein Handbuch für Praktiker*. Paderborn: Junfermann.
Millman, D. (2008). *Der Pfad des friedvollen Kriegers*. Berg: Lagato.
Mittelstraß, J. (Hrsg.). (2004). *Enzyklopädie – Philosophie und Wissenschaftstheorie*. Stuttgart: Metzler.
Reason, J. (1990). *Human error*. New York: Cambridge University Press.
Sauerland, M., & Müller, G. F. (2012). *Selbstmotivierung und kompetente Mitarbeiterführung*. Hamburg: Windmühle.
Sauerland, M., Soyeaux, H., & Krajewski, J. (2015). The influence of dysfunctional cognitions on job-related experiences and behavior – A cognitive-behavioral perspective. *International Journal of Human Resources Development and Management*.
Schrepfer, M. (2013). *Ich weiß, was du meinst!: Theory of mind, Sprache und kognitive Entwicklung*. München: AVG.
Taylor, S. E., & Brown, J. D. (1994). Positive illusions and well-being revisited: Separating fact from fiction. *Psychological Bulletin, 116*, 21–27.
Taylor, S. E., & Lobel, M. (1989). Social comparison activity under threat: Downward evaluation and upward contacts. *Psychological Review, 96*, 569–575.
Watzlawik, P. (1988). *Anleitung zum Unglücklichsein*. München: Piper.
Wine, J. (1971). Test anxiety and direction of attention. *Psychological Bulletin, 76*, 92–104.
Wood, J. V. (1989). Theory and research concerning social comparisons of personal attributes. *Psychological Bulletin, 106*, 231–248.

Die Reduktion dysfunktionaler Kognitionen 4

Wie in Kap. 3 dargelegt, sind viele Mitarbeiter und Führungskräfte in ihrem Arbeitsalltag von dysfunktionalen Kognitionen betroffen. Dysfunktionale Kognitionen stellen somit auch für Organisationen ein zentrales Problem dar. In diesem Kapitel werden die Hilfsmittel erörtert, mit denen sich Mitarbeiter und Führungskräfte in die Lage versetzten können, dysfunktionale Kognitionen abzubauen.

Die Zielsetzungen von Interventionsstrategien zur Reduktion dysfunktionaler Kognitionen bestehen darin, 1) eine möglichst realistische Selbst- und Situationseinschätzung zu fördern, 2) komplexes Denken zu stimulieren, 3) eine Erweiterung und Flexibilisierung des Handlungsrepertoires herbeizuführen, 4) die Ausschöpfung von Leistungspotenzialen zu ermöglichen und 5) die Toleranz für Belastungen zu erhöhen.

Doch wie können diese Ziele erreicht werden? Wie können dysfunktionale Kognitionen nachhaltig reduziert werden? Auf welche Weise – didaktisch, inhaltlich, strukturell, materiell – müssten zum Beispiel entsprechende Interventionen im Rahmen von Trainings, Coachings und Organisationsentwicklungsmaßnahmen konzipiert werden? Und können einzelne Interventionen überhaupt effektiv sein, in Anbetracht der Tatsache, dass die beschriebenen Überzeugungen zumeist langfristig erworben wurden, Jahre und Jahrzehnte Bestandteil des kognitiven Apparates von Personen waren und entsprechende Überzeugungen für diese Personen oft kaum verbalisierbar und zum Teil auch gar nicht bewusst zugänglich sind?

Darüber hinaus stellt sich die Frage, bis zu welchem Grad eine Gestaltung des Denkens überhaupt möglich ist: Gibt es nicht auch diesbezüglich durch Bedürfnisse, Motive, evolvierte mentale Strukturen und wiederholt gemachte Erfahrungen eng gesetzte Grenzen? Über welche Freiheitsgrade verfügt der Designer bei der

Gestaltung seines eigenen Geistes? Ist nicht auch der Gestalter selbst in seinem eignen geistigen System gefangen?

Ellis (1982, u. a.) vergleicht den Prozess der Reduktion dysfunktionaler Kognitionen mit dem Bemühen, eine neue Sprache zu lernen. Das Grundgerüst für das Erlernen von Sprachen, nämlich die Grammatik, ist bereits verankert – die meisten Sprachen differenzieren beispielsweise nach Subjekt, Objekt und Prädikat. Basale grammatische Strukturen müssen somit nicht erst erworben werden, sie sind quasi angeboren (Chomsky 1957, 1980). Analog dazu sind die Fähigkeiten und die Motive dafür, funktionale Kognitionen aufzubauen, bei Personen in der Regel bereits vorhanden – schließlich wollen Personen nicht leiden, sie wollen stattdessen motiviert und leistungsfähig sein. Die sprachlichen Inhalte jedoch, d. h. Gegenstände, Sachverhalte, Ereignisse, Situationen und Phänomene, mit den Begriffen der neuen Sprache zu versehen, muss mühsam erlernt werden, Schritt für Schritt, in zahlreichen Oszillationen. Beim Erlernen einer neuen Sprache dürfen Personen in bestimmten Situationen eben nicht wie gewohnt in der alten Sprache auf einen Reiz reagieren, sondern müssen diesen spontanen Impuls unterdrücken und zunächst aktiv nach adäquaten Ersatzbegriffen in der neuen Sprache suchen. Dieses anstrengende Ersetzen der vertrauten Reaktion mit der neuen wird mit zunehmender Übung allmählich routinierter, irgendwann völlig automatisiert, bis man in der neuen Sprache gegebenenfalls sogar denkt und träumt. Ist dieser Status erreicht, kann man in einem fremden Land verstanden werden, erfolgreich agieren und ohne sprachliche Hürden die eigenen Ziele erreichen. Analog dazu müssen zur Reduktion dysfunktionaler Gedanken zunächst die auslösenden Situationen sukzessive an neue funktionale Gedanken gekoppelt werden. Die vertrauten dysfunktionalen Reaktionen müssen mühsam durch funktionale ersetzt werden, Schritt für Schritt, in zahlreichen Oszillationen, solange, bis die neue Denkweise ihrerseits die spontane, automatische Reaktion darstellt und die dysfunktionalen Gedanken fremd erscheinen. Denn nur so kann man die eigenen Ziele im Berufsleben effizient erreichen und ohne mentale Hürden erfolgreich agieren.

Der Erwerb einer neuen Sprache erfordert viel Übung, zumeist auch viel Zeit und Geduld. Dies gilt in der Regel auch für die Substitution dysfunktionaler durch funktionale Gedankenmuster. Gleichzeitig ist jedoch nachvollziehbar, dass tiefgründige Einsichten auch eine sofortige und unmittelbare Wirkung entfalten können, ungeachtet der Entstehung, Bestehensdauer und dem ursprünglichen Bewusstheitsgrad der Denkmuster. Möglicherweise haben Sie dies bei der Durchsicht der dysfunktionalen Denkmuster in Kap. 3 selbst bemerkt. Solche unmittelbaren Einsichten können auch in einem kognitiv-behavioral ausgerichteten Training zur Reduktion dysfunktionaler Kognitionen spontan herbeigeführt werden und dementsprechend eine sofortige Wirkung entfalten. Die simple Erkenntnis, dass sich eigene Gedanken beispielsweise als kontrafaktisches Denken kategorisieren lassen, ist oft allein schon Aufforderung genug, solche Gedanken unmittelbar zu stoppen. Die simple Einsicht, dass eine getroffene Lebensentscheidung auf ein einschränkendes Entweder-oder-Denken zurückging, obwohl auch eine Sowohl-als-auch-Entscheidung möglich gewesen wäre, kann zu einer spontanen Revision der Entscheidung führen. Die simple Entdeckung, dass man in seinem bisherigen Leben der Überzeugung unterlag, immer bei allen beliebt sein zu müssen, kann unmittelbar zu einer Differenzierung dieser Überzeugung führen. Sollte eine Person tatsächlich feststellen, dass sie aufgrund solcher Überzeugungen in ihrem bisherigen Leben unnötige Nachteile in Kauf nehmen musste, so wird sie wohl schon am nächsten Tag anders handeln. Solche beispielhaften Erfahrungen lassen sich tatsächlich in einschlägigen Coachings und Trainings machen.

Die Gestaltung des eigenen Denkens ist nicht völlig frei oder willkürlich. Es existieren starke evolvierte Motiv- und Emotionssysteme, die nicht einfach abgeschafft oder überlernt werden können. Und in der Tat ist der Designer auch selbst in seinem eigenen mentalen System gefangen (vgl. dazu die Selbstmodelltheorie der Subjektivität von Metzinger 2003). Dies alles ist jedoch für die effektive Gestaltung des eigenen Denkens weniger relevant, als es zunächst erscheint. Mag das Denken in der Tat einem Machtspiel recht stabiler evolvierter Motivsysteme unterliegen, in das keine unabhängige Instanz – kein Ich, kein Selbst – einzugreifen vermag, so ist es dennoch möglich, durch die Kenntnis und Anwendung gewisser Techniken, bestimmten Motiven – zum Beispiel durch die Einnahme neuer Perspektiven oder die systematische Generierung neuer Informationen – auch neuen „Argumentationsstoff" für ihren inneren Diskurs zu liefern. Man kann sie quasi systematisch ermächtigen und andere Motive entmachten. Und genau dies leisten die in diesem Kapitel vorgestellten Techniken. Deren Aneignung und Anwendung wiederum ist ebenfalls motiviert – durch den persönlichen Leidensdruck, Ziele nicht effizient erreichen zu können, eben durch die Motive, die nicht nachhaltig befriedigt werden und die daher die bewusste Suche nach Lösungen stimulieren. Diesen Motiven werden in diesem Kapitel Lösungsangebote gemacht. Denken steht somit zwar im Dienste stabiler Motive, aber Denken ist auch flexibles Problemlösen! Die nachfolgend vorgestellten Techniken regen auch das problemlösende Denken an. Die evolvierten Motivsysteme mögen noch so inflexibel sein, das Denken ist es nicht – auf welche Weise Motive befriedigt werden können, ist Sache des Denkens, und das ist flexibel und kreativ.

So kann mithilfe des Denkens der vermeintlich problematische Ausgangszustand neu interpretiert werden, mithin relativiert oder in seinen bislang übersehenen vorteilhaften Facetten genauer wahrgenommen werden. Auch können die aus den Motiven abgeleiteten Ziele in ihrer Absolutheit infrage gestellt werden, die

Tab. 4.1 5-Step Model zur Reduktion dysfunktionaler Gedanken

5-Step Model zur Reduktion dysfunktionaler Kognitionen		
Kapitel 4.1	Schritt 1	Die Relativität von Überzeugungen erkennen
Kapitel 4.2	Schritt 2	Motive und Ziele identifizieren
Kapitel 4.3	Schritt 3	Ideale zielführende Gedanken ermitteln
Kapitel 4.4	Schritt 4	Eigene Gedankenmuster entlarven
Kapitel 4.5	Schritt 5	Ideale Gedanken mit der Funktion eigener Gedanken kombinieren

bislang übersehenen Nachteile der Zielerreichung vitaler wahrgenommen werden oder auch neue Ziele zur Bedürfnisbefriedigung generiert werden. Und selbst wenn es nicht möglich oder sinnvoll erscheint, dies alles neu zu gestalten, so können immer noch die Mittel und Wege vom Ausgangszustand zum Zielzustand neu erfunden, probeweise verfolgt oder simultan zu den bisherigen angegangen werden. Dies alles ist Denken, und es muss so lange gedacht werden, bis ein Mind-Design, d. h. ein Überzeugungssystem, erschaffen wurde, welches eine effizientere Zielerreichung oder eine nachhaltigere Bedürfnisbefriedigung ermöglicht. Es sei an dieser Stelle nochmals an Nietzsches diesbezügliche Programmatik erinnert: „*Du sollst Herr über dich werden ... Du sollst Gewalt über dein Für und Wider bekommen und es verstehen lernen, sie aus und wieder einzuhängen, je nach deinem höheren Zwecke.*" (Nietzsche 1878/1999c, MAZM, 6, S. 530).

Mein Forscherteam hat ein innovatives kognitiv-behavioral ausgerichtetes Interventionskonzept entwickelt, das speziell auf die Belange von Mitarbeitern und Führungskräften in Organisationen abgestimmt ist. Das Konzept besteht aus fünf Schritten: 1) Die Relativität von Überzeugungen erkennen – *Loslösung von der Idee wahrer Gedanken*, 2) Motive und Ziele identifizieren – *definieren, was man will*, 3) ideale zielführende Gedanken ermitteln – *hypothetisch analysieren, welche Gedanken- und Verhaltensmuster günstig wären*, 4) eigene Gedankenmuster entlarven – *ermitteln, ob und inwieweit die eigenen Gedankenmuster dysfunktional sind*, 5) ideale Gedanken mit der Funktion eigener Gedankenmuster kombinieren – *funktionale Gedanken- und Verhaltensmuster entwickeln und einüben*. Diese Schritte werden nachfolgend ausführlich dargelegt (vgl. Tab. 4.1).

Die verschiedenen Tools zur Reduktion dysfunktionaler Kognitionen, die nachfolgend vorgestellt werden (vgl. dazu Sauerland und Reich 2014, modifiziert nach z. B. Leahy 2007), können je nach Problemsituation und Bedarf spezifisch zusammengestellt werden. Jede dieser flexiblen Zusammenstellungen kann jedoch im Rahmen einer festen Systematik durchgeführt werden. Die Systematik umfasst fünf Schritte, die unabhängig von den jeweils bedarfsgerecht zusammengestellten Tools eingehalten werden sollten. Dieses sogenannte *5-Step Model* wird nachfolgend skizziert.

4.1 Schritt 1: Die Relativität von Überzeugungen erkennen – Loslösung von der Idee wahrer Gedanken

Der erste notwendige Schritt, um das eigene Überzeugungssystem neu gestalten zu können, besteht darin, sich zu vergegenwärtigen, dass Gedanken überhaupt gestaltbar sind, dass sie nicht fix sind, nicht zementiert, nicht wahrheitsverbürgend. Dies ist durchaus nicht trivial, denn eine Überzeugung ist ja geradezu durch ihre gedankliche Fixierung und Rigidität charakterisiert. Kognitionen werden teils sogar vehement gegen widerlegende Informationen abgeschirmt, weil sie für Personen eben oft auch eine selbstschützende Funktion haben. Situationen können für Personen überdies mit derart starken Emotionen verknüpft sein, dass ihnen die darauf bezogenen Schlussfolgerungen absolut evident erscheinen (z. B. „Ich kann ohne ihn nicht leben, ansonsten würde ich unter seiner Abwesenheit nicht derart leiden!").

Gedanken repräsentieren jedoch nicht etwa Tatsachen, reale Verhältnisse oder objektiv feststellbare Gegebenheiten. Es handelt sich bei Gedanken vielmehr um evolutionär und kulturell angelegte, mehr oder weniger nützliche, aber dennoch anthropomorph verzerrte Interpretationen von Sinnesdaten. Und diese Interpretationen sind durchaus relativ, perspektivisch, zum Teil sogar willkürlich. So gibt es verschiedenartige kulturelle, interpersonale und sogar intrapersonale Interpretationen ein- und desselben „Sachverhalts" – schmeckt der Tee Person A ebenso gut wie Person B? Schmeckt der Tee Person A am Morgen genauso wie Person A am Abend? Schmeckt der Tee zu einem Gebäck genauso wie zu einem Nudelgericht? Schmeckt der Tee überhaupt noch, wenn man im Vorfeld die Information bekäme, er sei ungesund? Kann man überhaupt ein Geschmacksurteil über den Tee fällen, wenn man sich gerade in einem Streitgespräch befindet?

Viel Überzeugungsarbeit ist im ersten Schritt erforderlich. Die Loslösung von der Idee wahrer Gedanken kann jedoch durch *Frappierung* eingeleitet werden. Zu diesem Zweck kann illustriert werden, dass selbst fundamentale Überzeugungen wie $1+1=2$ relativ sind. Dies mag erstaunen, da dies ja nun eine logisch ableitbare Wahrheit zu sein scheint. Die Logik basiert jedoch auf der Annahme, dass es identische Fälle in der Welt gibt, ansonsten erscheint die Aussage $1+1=2$ absurd oder unnütz. Bezieht man diese abstrakte Formel nun jedoch auf die Lebenswirklichkeit von Personen, auf real existierende Entitäten, so wird klar, dass die Bedingung identischer Fälle notwendigerweise verletzt ist, da es keine identischen Fälle in der Welt gibt: Kein Apfel gleicht dem anderen. Apfel 1 und Apfel 2 ergibt eben nicht zweimal Apfel 1. Gemessen an Apfel 1 ist Apfel 2 gegebenenfalls etwas kleiner; d. h. $1+1$ ergäbe in diesem Fall vielleicht 1,96. Jemand der 200 Meter läuft, erbringt nicht die doppelte Leistung wie jemand, der 100 m läuft – die Windverhältnisse, die Granulierung der Wegstrecke etc. mögen auf den zweiten 100 m andere sein als auf den ersten. Noch dazu gilt die Aussage 1+1=2 nur auf einem Zahlenstrahl in einem nicht-gekrümmten Raum. Räume sind jedoch gekrümmt – so ist es beispielsweise während einer Sonnenfinsternis möglich, Sterne zu sehen, die eigentlich in direkter Linie hinter der Sonne verborgen sind (Kargl 2003). Diese Sterne sind nur deshalb sichtbar, weil das von ihnen emittierte Licht um das Massezentrum der Sonne herum gekrümmt und quasi um die Sonne herum gelenkt wird. In gekrümmten Räumen jedoch ist der Abstand von 0 nach 1 anders als in nichtgekrümmten Räumen. Die vermeintliche Tatsache, dass 1+1=2 ergäbe, wird also auch in dieser Hinsicht etwas komplizierter. Nun kann berechtigterweise eingewendet werden, dass dies lediglich Fragen der Genauigkeit sind etc., und dennoch: Das prinzipielle „Problem", dass es keine identischen Fälle gibt, bleibt bestehen.

Die Logik steht nicht außerhalb des menschlichen Erkenntnisapparates, sie ist vielmehr ein genuines Produkt dieses Apparates, d. h. auch die Logik ist anthropomorph. Es ist daher möglich, dass es keine vom Menschen unabhängigen mathematisch beziehungsweise logisch wahren Sätze gibt. Dieser prima facie absurde Gedanke wird sehr plausibel, wenn man bedenkt, dass die Logik an diverse Bedingungen geknüpft ist. So ist sinnvolles logisches Schließen unter anderen eben an die Bedingung geknüpft, dass es identische Fälle in der Welt gibt. Identische Fälle aber sind ein zwar unsagbar nützliches, aber doch fiktives Konstrukt des evolvierten menschlichen Erkenntnisapparates. Dieser nimmt Klassifizierungen, Einheiten- und Kategorienbildungen vor, die sich zwar in der Phylogenese des Menschen als nützlich erwiesen haben, für die es aber keine reale Entsprechung geben muss.[1] Die Logik ist insofern nicht verbindlich und nicht wahrheitsverbürgend. Nietz-

---

[1] Zumindest lässt sich dies nicht beweisen. Dafür müsste nämlich eine Korrespondenz zwischen den psychologisch generierten Theorien über die Beschaffenheit der Realität und den tatsächlichen Verhältnissen in dieser Realität (den Tatsachen) nachgewiesen werden. Zu diesem Zweck wiederum müsste eine Perspektive außerhalb des menschlichen Erkenntnisapparates eingenommen werden. Da sich der Intellekt aber nicht selbst transzendieren kann, kann er auch keine Korrespondenz zwischen sich und den gegebenen Dingen feststellen. Zu einer solchen Feststellung könnte er immer wieder nur sich selbst benutzen. Der Erkenntnissuchende ist außerstande – auch nicht unter Zuhilfenahme von Messinstrumenten oder Ähnlichem, aus seinem kognitiven Apparat herauszutreten, um zu beobachten, wie gut Theorien Tatsachen repräsentieren. Da Theorien streng genommen nicht einmal verifizierbar (Induktionsproblem) oder falsifizierbar (Problem der Vielzahl von Revisionsalternativen) sind, kann das Etikett „wahr" eigentlich nie vergeben werden (vgl. Lauth und Sareiter 2002). Annahmen können sich lediglich bei der Vorhersage empirischer Daten mehr oder weniger gut bewährt haben, sie können für eine Person mehr oder weniger nützlich sein. Wenn in diesem Buch somit von „(un-)berechtigten", „(ir-)rationalen", „(un-)logischen", „empirisch be- oder widerlegten" Kognitionen oder Ähnlichem die Rede ist und empirische und logische Prüfungen von Gedanken propagiert werden, ist damit immer der Bewährungsgrad oder der zielführende Nutzen für eine Person gemeint.

4.1 Schritt 1: Die Relativität von Überzeugungen erkennen

sche (1901/1996) weist in diesem Sinne mit Nachdruck auf die biologische Basis der Logik hin: „Auch hinter der Logik ... stehen ... physiologische Forderungen zur Erhaltung einer bestimmten Art von Leben" (S. 17). Die Voraussetzungen der Logik sind falsch. Um logisch schließen zu können, muss eine Fälschung alles Geschehens vorausgegangen sein. Die Welt könnte demnach durchaus unlogisch sein. Die Welt erscheint uns nur deshalb logisch, weil *wir* sie erst logisiert haben (Nietzsche 1901/1996; WzM; 521).

Die Tragweite des geschilderten Gedankenganges ist kaum zu überschätzen. Bei der Farbwahrnehmung beginnen wir, die Fälschung der Welt zu ahnen: An der elektromagnetischen Wellenlänge 480 Nanometer ist nichts Blaues, unser Gehirn projiziert die Farbe Blau in die Welt hinein. Im Falle der Logik aber hält sich der Irrtum noch hartnäckig. Auch wenn sich in der Mathematik und Logik Sätze stringent beweisen lassen, so ist damit nichts über deren Wahrheitsgehalt ausgesagt, denn in einer fiktionalen Welt mag alles zusammenpassen, dennoch bleibt sie fiktional. Die Wahrheit ist nicht damit bewiesen, dass der Mensch bestehen bleibt. So resümiert Nietzsche: „*Nein, gerade Tatsachen gibt es nicht, nur Interpretationen!*" (Nietzsche, Nachlass, KSA 12, 7 [60]).

Wem dies zu strittig oder zu abstrakt erscheint, der lasse sich von der Relativität und Perspektivität interkultureller Glaubenssysteme, Rituale und Gepflogenheiten überzeugen.

So bemerkte bereits Protagoras um 450 vor Christus etwa Folgendes: *In den Ländern und Städten der griechischen und barbarischen Welt herrschen die unterschiedlichsten Sitten und Gebräuche – sie widersprechen sich aber ebenso absolut wie sie für die jeweils danach Lebenden für gültig gehalten werden* (vgl. Helferich 2012).

In der einen Kultur glauben Menschen an *einen* Gott und belächeln Kulturen, in denen *mehrere* Götter verehrt werden. Die belächelten Kulturen wiederum können kaum glauben, wie ein Gott allein die Geschicke in der Welt regeln können soll. Unzählige solcher Beispiele für konträre Glaubens-, Werte- und Normüberzeugungen zwischen verschiedenen Kulturen ließen sich auflisten.

Wem auch dies befremdlich erscheint, der kann den Wandel von Überzeugungen im Laufe seines eigenen Lebens prüfen: Vertritt man im Erwachsenenalter noch dieselbe politische Überzeugung wie diejenige, von der man in der Jugend vollends überzeugt war? Wie sicher ist es dann, dass man die derzeit natürlich für reif, fundiert und gültig gehaltenen (politischen) Überzeugungen in 30 Jahren immer noch vertritt?

Entscheidend für den ersten Schritt zur Reduktion dysfunktionaler Gedanken ist, dass Personen durch solche Darstellungen und Gedankenspiele erkennen, dass eigene fundamentale Überzeugungen relativ sind. Dies kann für Personen, die unter dysfunktionalen Überzeugungen leiden, durchaus hilfreich sein, da sie dadurch in die Lage versetzt werden, ihre Überzeugungen infrage zu stellen und sie nicht als absolut gültig und wahr ansehen zu müssen. Sie können hartnäckige Überzeugungen plötzlich als Hypothesen begreifen, die zwar mehr oder weniger nützlich, mehr oder weniger gut belegt und mehr oder weniger logisch konsistent sein mögen, aber nicht zwangsläufig wahr oder gültig sein müssen. Damit ist die Voraussetzung für Schritt 2 geschaffen.

> **Beispiel aus der Praxis**
>
> „Die Überzeugung, dass ich kein Mathe kann, ist nur eine Hypothese!"

4.2 Schritt 2: Motive und Ziele identifizieren – definieren, was man will

Ist der erste Schritt absolviert und das eigene Überzeugungssystem lässt sich prinzipiell infrage stellen, muss im nächsten Schritt geklärt werden, auf welcher Basis ein neues, funktionales Mind-Design konstruiert werden kann. In einer Zeit, in der für viele Personen keine (metaphysischen) Letztbegründungen mehr infrage kommen, bleiben häufig die eigenen Bedürfnisse und die sich darauf gründenden Ziele als Konstruktionskriterien übrig.

Gesetzt also den Fall, es gibt keine Letztbegründungen und keine objektive Wahrheit, die Menschen finden oder feststellen könnten, um darauf etwas aufzubauen, so können sie sich immer noch auf ihre eigenen Bedürfnisse und Motive beziehen, die den Maßstab und die Kriterien für ein effizientes mentales Design liefern. Die Beurteilung eines mentalen Designs orientiert sich dann an Fragen wie: „Eignet sich das Gedankensystem einer Person, um deren Bedürfnisse nachhaltig und effizient zu befriedigen?", „Sind die Überzeugungen einer Person zielführend oder hemmen sie die Person eher bei der Zielerreichung?" oder „Muss ein Ziel, ein Zweck, ein Bedürfnis zugunsten eines priorisierten aufgegeben oder modifiziert werden?".

4.2.1 Phantasiefragen

Durch welche Motive menschliches Verhalten verursacht wird, verschließt sich jedoch gelegentlich dem direkten bewussten Zugang. Werden Personen nach den Ursachen ihres Verhaltens gefragt, generieren sie diese Ursachen oft einfach nach plausiblen Kausaltheorien, die hin und wieder jedoch gar nicht mit ihrem tatsächlich gezeigten Verhalten korrespondieren. Dabei geben Personen zum Beispiel Gründe

4.2 Schritt 2: Motive und Ziele identifizieren – definieren, was man will

an, die definitiv nicht verhaltensleitend gewesen sein können und übersehen zugleich die faktisch entscheidenden verhaltenssteuernden Parameter (Wilson 1985; Wilson und Schooler 1991). Die verhaltenssteuernden Faktoren lassen sich daher zumeist eher mithilfe frei-assoziativ angelegter Verfahren erschließen. Um die dafür notwendigen Indizien zu sammeln, kann es hilfreich sein, auf bestimmte Phantasiefragen zu antworten. Kristallisiert sich bei den entsprechenden Antworten immer wieder eine bestimmte Thematik, bestimmte Zielvorstellungen oder Visionen heraus, liegt die Vermutung nahe, dass sich hier bedeutsame persönliche Motive manifestiert haben. Die strategische Zielsetzung sollte solch persönlich starken Motiven nicht zuwiderlaufen. Einige Beispiele für solche Phantasiefragen sind nachfolgend aufgelistet (vgl. Kubowitsch 1995). Diese Phantasiefragen können auch auf einen spezifischeren Lebensbereich, wie zum Beispiel den Beruf, bezogen werden.

- *Wenn Sie in zehn Jahren einen alten Freund wiedersehen, was würden Sie ihm (z. B. von Ihrer Karriere) erzählen wollen?*
- *Wenn Sie den Auftrag bekämen, einen Film zu drehen, wovon würde er handeln?*
- *Wenn Sie eine Eigenschaft an sich ändern könnten, welche wäre dies? Warum würden Sie diese Eigenschaft ändern wollen?*
- *Wenn Sie für 24 h mit einer anderen Person (z. B. einem Kollegen) tauschen könnten, wen würden Sie wählen? Warum würden Sie diese Person wählen?*
- *Welche Situationen haben in Ihrem bisherigen (Berufs-)Leben eine tiefe innere Befriedigung ausgelöst?*
- *Wenn Sie nur noch fünf Jahre zu leben hätten, was würden Sie tun wollen?*
- *Stellen Sie sich vor, Sie wären eine andere Ihnen nahestehende Person! Welchen „Lebensrat" würden Sie ihr beziehungsweise sich geben?*
- *Stellen Sie sich vor, Sie könnten eine (karriererelevante) Entscheidung in Ihrem Leben rückgängig machen! Welche würden Sie wählen und welche Folgen hätte dies?*

Anschließend muss analysiert werden, welche handlungsleitenden oder verhaltensenergetisierenden Hauptmotive sich den Antworten entnehmen lassen: Macht hinzugewinnen? Gute soziale Beziehungen etablieren? Soziale Anerkennung erzielen? Den Selbstwert aufbauen? Körperliche Bedürfnisse befriedigen? Leistungen erbringen? …

Zahlreiche weitere Techniken existieren, mit deren Hilfe Personen ihre Motive und Ziele identifizieren können: Sie können Tagträume analysieren, Vorbilder identifizieren, ihre bisherigen Erfolgserlebnisse zusammenstellen, messen, mit welchen Tätigkeiten sie sich in ihrer freien Zeit am längsten beschäftigen oder erkunden, welche Situationen sie ohne erkennbaren äußeren Zwang immer wieder aufsuchen.

In der Arbeitswelt ist die Identifikation von berufsrelevanten Motiven und Zielen oft gar nicht derart intransparent. Personen wissen in der Regel, was sie beruflich erreichen wollen und warum sie dies wollen. Daher kann schon die modifizierte Anwendung einer simplen Technik dabei helfen, entsprechende Ziele zu konkretisieren: die Verstärkerliste.

4.2.2 Verstärkerliste

Eine Verstärkerliste zu erstellen ist nicht sonderlich schwierig, bereitet oft sogar Vergnügen, weil Personen aufschreiben können, was sie gerne tun oder immer schon mal in Angriff nehmen oder besitzen wollten. Dies kann auch explizit auf den Beruf bezogen werden. Dabei kann es sich um die Auflistung von Kleinigkeiten handeln, wie zum Beispiel ein interessantes Fachbuch zu lesen oder eine Ausstellung zu besuchen, aber auch um etwas Größeres, wie zum Beispiel eine Beförderung in Angriff zu nehmen oder sich von den Verdiensten ein neues Auto zu kaufen.

- *Listen Sie Dinge auf, die Sie gern besitzen oder immer schon mal besitzen wollten!*
- *Listen Sie Dinge auf, die Sie gern machen, die sie erreichen wollen oder immer schon mal tun wollten!*

Anschließend sollen aus diesen Angaben *Ziele* herausgearbeitet werden. Bei der Formulierung der Ziele sollte darauf geachtet werden, dass diese spezifisch, messbar, realistisch und räumlich und zeitlich terminiert sind. Darüber hinaus sollten die Ziele positiv formuliert und aktiv beeinflussbar sein (vgl. SMART-Regel). Zu der Frage, auf welche Weise Ziele genau formuliert sein sollten, lassen sich bei zahlreichen Autoren nützliche Hinweise finden: So sollten auch Zielkonflikte antizipiert und Maßnahmen zur Erhöhung der Zielbindung getroffen werden (vgl. Doran 1981; Dörner 1989).

> **Beispiel aus der Praxis**
> „Ich will bis zum Jahresende befördert werden!"

Die in Schritt 4 noch zu beschreibenden Techniken können durchaus dazu führen, dass Personen bestimmte Ziele infrage stellen, von denen sie glaubten, sie unbedingt erreichen zu müssen. Das Ergebnis von Schritt 2 – definieren, was man will – ist insofern zunächst als reversibel anzusehen.

4.3 Schritt 3: Ideale zielführende Gedanken ermitteln – hypothetisch analysieren, welche Gedanken- und Verhaltensmuster günstig wären

In Schritt 3 werden nun Gedanken und Verhaltensweisen ermittelt, die ideal geeignet wären, um das in Schritt 2 identifizierte Ziel bzw. die identifizierten Ziele zu erreichen.

Der Hintergrund dieses Schrittes kann anhand eines Elfmeterschützen illustriert werden. Gedanken wie „Wenn ich den Elfer nicht verwandele und den Ball über das Tor schieße, spotten die Fans und das Team denkt, ich sei unfähig!" oder „Ich könnte dafür verantwortlich sein, dass wir den Pokal nicht bekommen!" erhöhen die Wahrscheinlichkeit eines Versagens (s. o., sich selbst erfüllende Prophezeiung). Gedanken hingegen wie „Von diesem Torwart weiß ich, dass er links unten eine schlechte Fangquote hat, also schieße ich genau dorthin!" erhöhen die Wahrscheinlichkeit eines Erfolgs. Letztere sind demnach ideale zielführende Gedanken.

Beispiel aus der Praxis

„Erfolgreiche Personen in meinem Berufsfeld haben Freude an der Lösung mathematischer Probleme, zumindest können sie diese gut lösen! – Um befördert zu werden, müsste ich solchen Problemen auch offener gegenüber stehen!"

Zur Identifikation zielführender Gedanken können Personen durchaus auch hypothetisch vorgehen: Sie können sich fragen, wie jemand, der dieses Ziel unbedingt erreichen will, denken und handeln muss, damit ihn nichts beim Versuch der Zielerreichung hemmt. Personen können sich auch daran orientieren, wie erfolgreiche Vorbilder in einer solchen Situation gedacht haben oder denken würden. Es gibt aber auch systematische Techniken, um solche idealen, zielführenden Gedanken ausfindig zu machen – zum Beispiel das Denken in Lösungen statt in Problemen. Da diese Techniken auch dazu dienen, dysfunktionale Kognitionen direkt abzubauen, werden sie im nächsten Kap. (4.4) ausführlich dargestellt. Die Reverse Storytelling Methode hingegen, die sich aufgrund ihrer selektiv positiven Fokussierung besonders gut für die Ermittlung zielführender Gedanken eignet, soll bereits in diesem Kapitel vorgestellt werden.

4.3.1 Reverse Storytelling

Im Rahmen dieser Technik werden Personen dazu angehalten, sich in die Zukunft hineinzuversetzen und sich vorzustellen, dass sie ein begehrtes Ziel in der Zukunft erreicht haben. Sodann sollen sie im Detail rekonstruieren, wie sie es geschafft haben, dieses Ziel zu erreichen.

Abweichend vom normalen Habitus sollen Personen dabei in kleinen Schritten von der Zukunft aus in die Vergangenheit zurückdenken – sie werden somit quasi zur Rückwärtsplanung aufgefordert. Dabei können sie durch einige Leitfragen unterstützt werden.

Stellen Sie sich vor, in fünf Jahren haben Sie Ihr Ziel erreicht!

- *Wie haben Sie es geschafft, das Ziel zu erreichen?*
- *Welche Geisteshaltung war dafür erforderlich?*
- *Welche Gedanken haben Sie dazu befähigt, Widerstände zu überwinden?*

Mithilfe dieser Technik wird der Fokus auf Handlungsoptionen, Gelegenheiten und verfügbare Mittel gelenkt, sodass pauschalisierte Vermeidungskognitionen, wie sie beispielsweise bei ungeprüften Projektionen oder Übergeneralisierungen vorkommen, abgebaut werden können.

Ein Beispiel zum Reverse Storytelling

„Ich gehe also davon aus, dass ich das Ziel tatsächlich in fünf Jahren erreicht habe. Wie habe ich das geschafft? Hm, nun, der Erfolg kam mit dem ersten Großkunden! Die Kontaktperson dort hatte eine Empfehlung für mich erhalten – eine Empfehlung von einem kleineren Kunden, für den ich schon zwei Jahre kontinuierlich gute Leistungen erbracht hatte ..."

4.4 Schritt 4: Eigene Gedankenmuster entlarven – ermitteln, ob und inwieweit die eigenen Gedankenmuster dysfunktional sind

In Schritt 4 wird der ideale Gedanke aus Schritt 3 mit den eigenen Gedankenmustern kontrastiert, denn die eigenen Gedankenmuster weichen häufig drastisch von den ermittelten zielführenden Gedanken ab – sie sind eben dysfunktional, hemmen und blockieren Bemühungen um die Zielerreichung eher.

Es ist somit zu prüfen, ob, inwieweit und auch warum die eignen Gedankenmuster von denjenigen abweichen, die eigentlich zielführend wären, obwohl man das Ziel ja nun zu erreichen trachtet. Dieser Analyseschritt ist sehr wichtig, da er sich gegen die Illusion der Machbarkeit, die Tyrannei des positiven Denkens und die naiven Anteile rein funktionaler Gedanken richtet. Personen haben dysfunktionale Überzeugungen oft nicht ohne Grund, irrational sind sie nur nach einem

4.4 Schritt 4: Eigene Gedankenmuster entlarven

rationalen Bewertungsmaßstab. Sie stellen oft Verdichtungen von Lernerfahrungen dar, sie schützen Personen vor weiteren Misserfolgen und repräsentieren häufig Endergebnisse der Lösung psychischer Konflikte. Diese in gewisser Hinsicht funktionalen Facetten der insgesamt zielwidrigen dysfunktionalen Gedanken gilt es zu identifizieren, explizit zu machen und zu verbalisieren, ansonsten wird die Person beim geringsten Anlass wieder in ihre ursprünglichen Gedankenmuster zurückfallen – sie wird die neuen zielführenden Gedanken ansonsten selbst nicht akzeptieren können, sie wird sie nicht vollständig internalisieren und auch nicht konsistent nach ihnen handeln können.

Es existieren zahlreiche Methoden, mit denen die funktionalen und die tatsächlich dysfunktionalen Anteile von Gedankenmustern entlarvt werden können.

Wer in Schritt 1 akzeptieren kann, dass eigene Überzeugungen lediglich Hypothesen sind, der wird einsehen, dass sie sich überprüfen lassen, dass man nach Belegen und Gegenbelegen suchen kann und dass man testen muss, ob sich Alternativhypothesen besser bewähren oder sich als nützlicher erweisen. Es kann ja durchaus sein, dass jemand die Mathematik nicht beherrscht, aber überprüfen sollte man dies, damit man sich nicht selbst blockiert. Überprüfen sollte man, ob dies alle Bereiche der Mathematik betrifft, auf welchem Fähigkeits- beziehungsweise Unfähigkeitsniveau man sich bewegt, ob man das Defizit kompensieren oder ob man eigene Ziele trotz des Defizits erreichen kann. Dies sind die relevanten Fragen für die Generierung eines differenzierten Gedankensystems, eines ausgewogenen zielführenden kognitiven Designs.

Am Ende dieses vierten Schrittes sollten mithilfe einer oder mehrerer der nachfolgend beschriebenen Techniken die eigenen dysfunktionalen Gedankenmuster identifiziert und als solche entlarvt worden sein. Es sollte darüber hinaus eine kritische Prüfung der Stichhaltigkeit dieser Überzeugungen stattgefunden haben, sodass zielführende und zielhemmende Aspekte klar erkennbar sind.

Beispiel aus der Praxis

„Ich kann Mathe nicht! – Das ist erwiesenermaßen eine Übergeneralisierung! Mit Ausnahme der Stochastik bin ich nämlich überdurchschnittlich gut bei der Lösung mathematischer Probleme!"

Doch wie kommt man zu dieser Einsicht? Welches Methodenrepertoire steht zur Verfügung? Tabelle 4.2 zeigt die 15 wichtigsten Techniken zur Reduktion dysfunktionaler Kognitionen.

Dysfunktionale Kognitionen können durch Einzeltechniken reduziert werden. Diese werden nun vorgestellt (vgl. dazu z. B. Choudhury 2013; Kahneman 2012; Leahy 2007; Sauerland und Müller 2012). Mit der im Folgenden beschriebenen

Tab. 4.2 Toolbox – Auflistung von Techniken zur Reduktion dysfunktionaler Kognitionen

5-Step Model	Toolbox: Techniken zur Reduktion dysfunktionaler Kognitionen	
	Kap. 4.4.1	Detektion von Negationen
	Kap. 4.4.2	Worst-Case-Szenario
	Kap. 4.4.3	Sokratische Methode
	Kap. 4.4.4	Begründungssequenz
Schritt 1	Kap. 4.4.5	Wirkungsanalyse
Schritt 2	Kap. 4.4.6	Verhaltensexperiment
Schritt 3	Kap. 4.4.7	Intentionales Verstoßen
Schritt 4 – Kapitel 4.4 Eigene Gedankenmuster entlarven	Kap. 4.4.8	Paradoxe Intention
Schritt 5	Kap. 4.4.9	Distanzierung
	Kap. 4.4.10	Merkmalskontinuum
	Kap. 4.4.11	Schade-deinem-Feind
	Kap. 4.4.12	Konkretes Ausmalen
	Kap. 4.4.13	Kontrakte schließen

Toolbox von Techniken zur Reduktion dysfunktionaler Kognitionen möchten wir Ihnen ein Arsenal von Methoden an die Hand geben, aus dem Sie sich – Ihren individuellen Präferenzen gemäß – für Sie geeignete Techniken im Rahmen dieses 4. Schritts heraussuchen und zusammenstellen können.

4.4.1 Hinweise finden wie ein Detektiv! – die Detektion von Negationen

Am Beginn soll eine Technik stehen, die zur Identifikation von dysfunktionalen Kognitionen ebenso geeignet ist wie zu deren Reduktion. Diese Technik fordert dazu auf, für einen gewissen Zeitraum (z. B. eine Woche) die eigenen Erwartungshaltungen daraufhin zu prüfen, ob diese sich auf einen negativen Ausgang einer Handlung oder eines Ereignisses beziehen. Dabei sollen Gedankenfragmente, die Negationen wie „nicht" enthalten oder innere Dialogfragmente wie „Das klappt nicht!", „Das wird vermutlich nichts!" oder „Das kann ich vergessen!" als Hinweisreize fungieren. Mit wenig Übung gelingt in der Regel die Sensibilisierung der Aufmerksamkeit für negative Erwartungshaltungen – diese können sodann detektiert und explizit verbalisiert werden.

4.4 Schritt 4: Eigene Gedankenmuster entlarven

Sobald eine negative Erwartungshaltung identifiziert ist, soll aktiv geprüft werden, ob auch ein positiver Ausgang der betreffenden Handlung oder des betreffenden Ereignisses denkbar wäre, unter welchen Bedingungen dies der Fall sein könnte, welchen Beitrag die Person selbst dafür leisten kann oder welche Teilaspekte erfolgreich beeinflusst werden könnten. Werden diesbezüglich keine Spielräume gesehen, weil tatsächlich substanzielle Belege vorliegen, die eine negative Prognose rechtfertigen, soll sich die Person zumindest fragen, ob man das vermeintlich negative Ereignis auch anders – positiver – interpretieren kann.

Eine erstaunliche Wirkung dieser Technik besteht darin, dass es Personen erstmals auffällt, wie oft sie mit negativen Erwartungshaltungen an Situationen, Personen oder die Zukunft herantreten, beziehungsweise dass sie in Bezug auf ein Einzelereignis tatsächlich eine derart ausgeprägte negative Erwartungshaltung haben. Dieses Ergebnis des gedanklichen Protokollierens allein fordert schon dazu auf, das eigene Denken oder die eigenen Ziele zu hinterfragen, denn in der Regel sind Personen durchaus frappiert über ihre Negativoptik auf das Leben und sehen selbst ein, dass es wenig sinnvoll ist, ein derart beschaffenes Dasein zu führen, welches geprägt ist von einem ständigen Widerwillen gegenüber den eigenen Handlungen und permanenten Widersprüchen zwischen den eigenen Zielen und deren Realisierungschancen.

Darüber hinaus sensibilisiert die Technik für mögliche Chancen, positive Nebeneffekte und eigene Einflussmöglichkeiten, die bestehen, um das Ereignis doch noch positiv ausgehen zu lassen. Personen können sich auf diese Weise nicht mehr in einer passiven Opferrolle wahrnehmen, in der sie den widrigen Umständen hoffnungslos ausgeliefert scheinen. Die Technik motiviert dazu, entweder die eigenen Bemühungen zur Zielerreichung zu erhöhen, oder, sofern dies tatsächlich aussichtslos ist und nicht unter der eigenen Handlungskontrolle steht, die Ziele selbst oder die Zielwahrnehmung zu adjustieren.

Beispiel aus der Praxis

„Ich **glaube nicht**, dass ich bei dem Kunden Chancen habe!
- *Stopp!* -
Das war eine negative Prognose!
Ich überlege besser, unter welchen Bedingungen ich noch Einfluss nehmen könnte!"

Die Technik kann in facettenreicher Weise angewendet werden. Eine Verschriftlichung ist beispielsweise denkbar. Auch ein post hoc orientiertes Vorgehen empfiehlt sich; d. h., *nach* einem Ereignis, welches mit negativen Erwartungen behaftet war, kann festgehalten werden, ob sich diese negativen Erwartungen tatsächlich bestätigt haben. In der Regel bestätigen sie sich nicht derart absolut: Man hat trotz morgendlicher Müdigkeit und Lustlosigkeit gewisse Leistungen am Arbeitstag erbracht, der Chef befand die unterbreiteten Lösungsvorschläge wider Erwarten für sehr gut, man hat die Party trotz Anwesenheit einer unsympathischen Person durchaus genießen können etc.

In unreflektierter Weise besteht natürlich auch immer die Gefahr, dass Personen unrealistisch *optimistisch* in die Zukunft blicken. Aus diesem Grund sollten in einer darauf folgenden Phase in Bezug auf ein bevorstehendes Ereignis drei Szenarien abgeleitet und geprüft werden:

(1) Worst Case
  Hier sollen sich Personen folgende Fragen stellen:
- Wie sähe der schlechtmögliche Ausgang des Ereignisses aus?
- Was spricht dafür, dass er eintritt?
- Kann dieser Ausgang durch eigenes Handeln aktiv abgewendet oder beeinflusst werden?
- Welche Faktoren stehen nicht unter der eigenen Kontrolle – und in welcher Weise haben diese Faktoren sich in der Vergangenheit oder in ähnlichen Situationen entfaltet?

(2) Best Case
  Hier sollen sich Personen folgende Fragen stellen:
- Wie sähe der bestmögliche Ausgang des Ereignisses aus?
- Was spricht dafür, dass er eintritt?
- Kann dieser Ausgang durch eigenes Handeln aktiv herbeigeführt oder beeinflusst werden?

Aus diesen Gegenüberstellungen kann sodann eine zumeist weniger extreme, realistischere Erwartungshaltung entwickelt werden, der ...

(3) Realistic Case

Ein interessanter Test für die Glaubwürdigkeit einer negativen Überzeugung besteht darin, zu prüfen, ob man einen bestimmten Geldbetrag oder sein gesamtes Vermögen auf die Prognose des negativen Ausgangs eines Ereignisses setzen würde. Man könnte auch eine diesbezügliche Wette mit anderen Personen anvisieren. Aufgrund der Verlustaversion (vgl. Kahneman 2012) kommt der zugrunde liegenden Thematik durch diese Vorgehensweise plötzlich eine derart hohe Relevanz zu, dass Personen motiviert sind, alle Eventualitäten zu durchdenken und ihnen nun auch alternative Ausgänge möglich und durchaus nicht mehr unrealistisch erschei-

4.4 Schritt 4: Eigene Gedankenmuster entlarven

nen. Diese Vorgehensweise kann auch angewendet werden, wenn der Verdacht einer *optimistisch* verzerrten Erwartungshaltung besteht.[2]

Eine weitere Technik, mit deren Hilfe die eigene Wahrnehmung für positive Ereignisse im Allgemeinen geschärft werden kann, besteht darin, ein „Glückstagebuch" zu führen (vgl. Seligman 2012). In solch einem Tagebuch können Personen Geschehnisse vermerken, die schön waren, die besser gelaufen sind als erwartet oder für die man dankbar sein kann. Zudem kann notiert werden, welche der eigenen Stärken zu den positiven Ereignissen beigetragen haben. Die Dokumentation positiver Ereignisse schärft die Sensibilität für solche Geschehnisse und reduziert auf diese Weise die demotivierenden Wirkungen von Übergeneralisierungen, Übertreibungen, Katastrophisierungen, des Ruminierens und der selektiven Wahrnehmung.

Die Ausrichtung der vorgestellten Protokollierungstechniken kann sich neben Signalwörtern wie „nicht", „kein" und „nie" auch auf Wörter wie „könnte", „müsste", „hätte" oder auch „immer", „alles" und „überhaupt" beziehen – diese Bestandteile innerer Dialoge ermöglichen die bessere Identifikation zum Beispiel des kontrafaktischen Denkens oder von Übertreibungen und Übergeneralisierungen (vgl. Kap. 3). Auch in diesen Fällen fordert das Protokollieren unmittelbar zur Differenzierung des Denkens auf.

4.4.2 Doch mal vom Schlimmsten ausgehen! – das Worst-Case-Szenario

Der Begriff Worst-Case-Szenario wurde im vorangegangenen Kapitel bereits erwähnt. Im Rahmen der dort vorgestellten Methode dienen Worst-Case-Szenarien dazu, zu verdeutlichen, dass negative Ausgänge unrealistisch häufig erwartet werden und dass auch Möglichkeiten bestehen, sie abzuwenden. Die Methode indes, Worst-Case-Szenarien zu entwickeln, hat in der Regel noch einen weiteren positiven Effekt: Personen erkennen, dass sie sogar mit dem *Worst Case* umgehen könnten, sollte dieser tatsächlich eintreten. Im Falle diffuser Sorgen und Ängste kann es somit sogar indiziert sein, Personen dazu aufzufordern, sich den schlimmstmöglichen Ausgang eines Ereignisses vorzustellen und dabei sehr konkret zu werden.[3]

---

[2] Diese Methode empfiehlt sich nicht, wenn für eine Person eigene Einflussmöglichkeiten auf einen negativen Ausgang eines Ereignisses bestehen, da mit der Wette ansonsten ein Motivator geschaffen werden könnte, das Ereignis absichtlich negativ ausgehen zu lassen. Es muss zumindest ausgeschlossen sein, dass die Person den negativen Ausgang in der einen oder anderen Hinsicht haben will!

[3] Die Konkretisierung ist notwendig, um nicht das Katastrophisieren zu stimulieren.

Bei dieser Technik überlegt man sich daher gezielt, was in einer möglicherweise belastenden aktuellen oder künftigen Situation schlimmstenfalls passieren kann. Auf diese Weise erkennt man in der Regel, dass selbst der schlimmste Fall kein Drama ist und keine Katastrophe eintreten wird, sondern dass diese Situation prinzipiell kontrollierbar wäre und bewältigt werden könnte.

Wenn sich eine vermeintlich nicht sprachbegabte Person beispielsweise für einen Sprachkurs anmeldet, könnte schlimmstenfalls geschehen, dass sie von allen Teilnehmern die schlechtesten Leistungen erbringt. Dies wäre bei näherer Betrachtung jedoch nicht weiter tragisch. Die Person wird dennoch etwas lernen und sich während des nächsten Auslandsaufenthalts besser verständigen können.

Beispiel aus der Praxis
„Oh Gott, ich darf nicht durch die Prüfung fallen!
- *Stopp!* -
Was genau passiert eigentlich, wenn ich durchfalle?
Hm, es gibt noch zwei Wiederholungsmöglichkeiten. Ich müsste nochmals zwei Wochen lernen – das ist alles!"

Worst-Case-Szenarien zielen somit auf den Abbau diffuser Befürchtungen ab. Daher eignen sie sich, um perfektionistischem Denken, Katastrophisierungen, Du-Musst-/Du-Sollst-Imperativen oder dem Ruminieren entgegenzuwirken.

4.4.3 Hinterfragen wie ein Philosoph! – die Sokratische Methode

Die oben beschriebene Methode, Worst-Case-Szenarien daraufhin zu prüfen, was für und was gegen ihr Eintreten spricht, kann mithilfe der Sokratischen Methode systematisiert werden. Dabei ist die Methode jedoch nicht auf negative Erwartungshaltungen beschränkt, sie kann auch bei übermäßig optimistischen Erwartungen angewendet werden. Die Einsatzmöglichkeiten der Sokratischen Methode gehen sogar über Überzeugungen, die mit Erwartungshalten verbunden sind, hinaus – sie ist beinahe universell anwendbar.

Die Methode ist nach dem Philosophen Sokrates benannt. Sokrates hat seine Zeitgenossen oft nach ihrer Meinung zu bestimmten Problemen oder Themen befragt und sodann Belege, Beweise oder stichhaltige Begründungen für die geäußerten Meinungen von ihnen verlangt. Zugleich hat er sie mit Gegenargumenten

4.4 Schritt 4: Eigene Gedankenmuster entlarven

konfrontiert. Häufig hat er sich mit dieser Vorgehensweise unbeliebt gemacht, weil seine Gesprächspartner schnell überfordert waren und nicht immer stichhaltige Begründungen für ihre Meinungen abgeben konnten (Helferich 2012).

Den Effekt dieser Technik können sich Personen zunutze machen, indem sie eigene (demotivierende) Überzeugungen bewusst infrage stellen und sich selbst auffordern, Beweise für ihre Stichhaltigkeit ins Feld zu führen oder Gegenbelege zu suchen. Auf diese Weise können dysfunktionale Überzeugungen schnell als irrational erkannt werden, da es ihnen naturgemäß an logischer Konsistenz oder empirischer Begründung fehlt. Der Einsatz der Sokratischen Methode eignet sich nicht nur für Übergeneralisierungen, Übertreibungen, Katastrophisierungen, Du-Musst-/Du-Sollst-Imperative, ungeprüfte Projektionen, dichotomes Denken, reduktionistisches Denken, für die selektive Wahrnehmung, das Mind-Reading, Ruminieren und den Perfektionismus, sondern auch für das heuristische Denken.

Beispiel aus der Praxis

„Ich kann es mir bei meinem knappen Zeitbudget nicht leisten, mittags mit den Kollegen essen zu gehen!
- *Stopp!* -
Wie komme ich eigentlich darauf? Was spricht dagegen?
Hm, die Kollegen sind trotz oder gerade wegen der Pause auch nicht weniger leistungsfähig als ich!"

Das Grundprinzip der Sokratischen Methode kann auch in einem sozialen Rahmen realisiert werden (Sokratischer Dialog), beispielsweise zwischen einer entsprechend geschulten Führungskraft und einem Mitarbeiter oder auch im Rahmen einschlägiger Coachings oder Trainings. Dies kann in Form der sogenannten „Cross-Examination"-Methode umgesetzt werden, bei der Personen in einem Rollenspiel einerseits den Ankläger und andererseits den Angeklagten hinsichtlich eines dysfunktionalen Gedankens spielen sollen (vgl. Kaluza 2011). Eine Partei versucht dabei, ihre Kognition gegen die Angriffe der anderen Partei zu verteidigen. Auch in einem solchen Rahmen kommt es zum Austausch von Belegen und Gegenbelegen, zur Übernahme alternativer Perspektiven und zur Aufdeckung logischer Inkonsistenzen in Bezug auf eine bestimmte Überzeugung. In der Regel findet das Rollenspiel ein schnelles Ende, da eine dysfunktionale Überzeugung den Angriffen einer anderen Person naturgemäß nicht lange standhalten kann. Ein entsprechender beispielhafter Dialog könnte wie folgt ablaufen (s. Abb. 4.1):

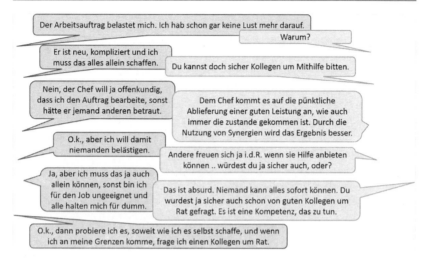

Abb. 4.1 Beispiel eines Sokratischen Dialogs

Die Sokratische Methode wird oft im Rahmen des sogenannten rational-emotiven Vorgehens (ABCDE–Prozedere) eingesetzt (Ellis 1991). Dabei werden zunächst belastende Situationen ermittelt (A – Activating Events). Anschließend werden die daraus resultierenden negativen Reaktionen ermittelt (C – Consequences). Es folgt die Identifizierung der zwischen Situation und Reaktion geschalteten dysfunktionalen Kognitionen (B – Beliefs). Dies sind die eigentlichen Verursacher der ermittelten Konsequenzen. Diese Kognitionen werden im Sokratischen Dialog hinterfragt (D – Disputing). Dysfunktionale Gedanken werden anschließend mit funktionalen Kognitionen substituiert und zum Beispiel in Rollenspielen eingeübt. Abschließend wird geprüft, ob die funktionalen Kognitionen in der auslösenden Situation nun weniger belastende Effekte erzielen (E – Effect) (s. Tab. 4.3). Ein inhaltliches Beispiel dazu wird in Kap. 5 ausgeführt.

4.4.4 Auf den Punkt bringen! – die Begründungssequenz

Diese Technik eignet sich unter anderem für belastende Gedanken, die zwar zum Beispiel mithilfe des ABCDE-Vorgehens im A-, B- und C-Teil der Methode als solche ermittelt wurden, bei denen es Personen aber zunächst schwerfällt, sie als *dysfunktional* wahrzunehmen. Betroffene Personen sollen aus diesem Grund zunächst einfach davon ausgehen, die entsprechenden Kognitionen seien berechtigt. Im entscheidenden nächsten Schritt sollen sie sich fragen, welche Begründung sie

4.4 Schritt 4: Eigene Gedankenmuster entlarven

Tab. 4.3 Beispielhafte Darstellung der Komponenten des ABCDE-Vorgehens

A	B	C	D	E
Activating Event	Belief System	Consequences	Disputing	Effect
1. Schritt:	*3. Schritt:*	*2. Schritt:*	*4. Schritt:*	*5. Schritt:*
Welche Ereignisse belasten mich? Welche Situationen demotivieren? In welchen leiste ich nicht das, was ich leisten könnte?	*Welche Gedanken habe ich in dieser Situation? Kommen die Belastungen (s. C) durch Gedanken zustande?*	*Wie äußert sich die Belastung? Wie reagiere ich in der Situation – subjektiv, emotional, körperlich, konativ?*	*Wie prüfe ich, ob meine Gedanken (s. B) (dys-) funktional sind? Gibt es Belege, Gegenbelege, Widersprüche oder andere Perspektiven?*	*Welche Wirkung hat die Prüfung und gegebenenfalls die Revision meiner Gedanken? Ist die Situation (s. A) nun weniger belastend (s. C)?*
Beispiel:	**Beispiel:**	**Beispiel:**	**Beispiel:**	**Beispiel:**
Bevorstehende Prüfung im Weiterbildungsprogramm des Unternehmens	Ich muss unbedingt eine „1" bekommen	(Prüfungs-)Angst, Lernblockade, psychosomatische Beschwerden (Einschlafstörungen)	Warum denke ich, dass es eine „1" sein muss? Ich denke tatsächlich, dass mich bei einer „2" alle für dumm halten. Das ist absurdes perfektionistisches Denken, das mich unnötig blockiert!	Eine gute Note reicht für meine beruflichen Ziele aus – die Prüfung ist eine gute Gelegenheit, mir systematisch Wissen anzueignen und dieses dann auch zu präsentieren! Ich kann wieder unbelastet lernen!

für die Überzeugung angeben können: „Gesetzt, dieser Gedanke ist korrekt, wie kann ich dies begründen?" Geht eine Person auf diese Weise in mehreren Frage-Antwort-Sequenzen vor, resultiert oft eine eskalierte Aussage, die leicht als absurd und übertrieben eingestuft werden kann: „Wenn ich nur eine ‚2' in der Prüfung bekomme, wäre das eine Katastrophe. Dieser Gedanke ist berechtigt, weil eine ‚2' zeigt, dass ich nicht so gut bin wie einige andere. Das ist tatsächlich schlimm, weil alle denken, dass ich dumm bin. Dieser Gedanke ist tatsächlich schlimm, weil das bedeutet, dass ich nichts wert bin, die anderen mich nicht mögen und ich außerdem später keine gute Position im Unternehmen bekommen werde!". Diese offensichtlich irrationalen Aussagen bieten nun genug Angriffsfläche für eine rationale Reinterpretation der Situation, die weniger belastend ist.

> **Beispiel aus der Praxis**
>
> „Auf der Betriebsfeier fühle ich mich genötigt, Alkohol zu trinken, obwohl ich aus gesundheitlichen Gründen lieber darauf verzichten würde. Ich denke also, da muss man mitmachen.
> *Stimmt*, ich muss mittrinken, *weil* mir die Feier sonst keinen Spaß machen würde!
> *Stimmt*, sie würde keinen Spaß machen, *weil* die Kollegen sich mit mir langweilen würden!
> *Stimmt*, sie würden sich langweilen, *weil* ich nicht interessant genug bin!
> *Stimmt*, ich bin nicht interessant für sie, *weil* sie mich eigentlich gar nicht mögen!"

Während das Worst-Case-Szenario darauf abzielt, zu erkennen, dass selbst der hypothetisch schlimmstmögliche Fall, der eintreten könnte, nicht schlimm wäre, sondern durchaus kontrollierbar und zu bewältigen ist, kann das imaginierte Endszenario bei der Begründungssequenz durchaus belastend erscheinen – es lässt eben nur erkennen, dass die hinter einem Gedanken stehenden Überzeugungen derart übertrieben sind, dass sie höchst unrealistisch sind. Die extremen Aussagen, die aus der Begründungssequenz resultieren, stimulieren rückwirkend Widerstand gegen die Ausgangsüberzeugungen, unter anderem weil Personen bei der Anwendung dieser Technik nicht selten zu der Einsicht gelangen, dass sie ein Ereignis für unerträglich, belastend oder schlimm halten, weil dieses letztlich bezeugen würde, dass sie nichts wert sind. Diese letzte Schlussfolgerung wollen Personen in der Regel nicht auf sich sitzen lassen und rebellieren folgerichtig auch gegen die Ausgangsüberzeugung. Wie die verwendeten Beispiele zeigen, lässt sich die Begründungssequenz daher auch sehr erfolgreich gegen das perfektionistische Denken und verwandte Denkmuster, wie zum Beispiel Du-Musst-/Du-Sollst-Imperative, einsetzen.

4.4.5 Die wahren Motive entlarven! – die Wirkungsanalyse

Die Prüfung von Kognitionen kann sich auch auf deren Wirkungen beziehen. Diese Wirkungen können mithilfe der Wirkungsanalyse systematisch identifiziert, herauspräpariert und illustriert werden. Diese Methode veranlasst Personen dazu, die Effekte und die damit verbundenen Vor- und Nachteile einer bestimmten Überzeugung systematisch zu durchdenken. Diese Effekte können sich auf die Person selbst, auf andere Personen oder erzielte Ergebnisse beziehen.

4.4 Schritt 4: Eigene Gedankenmuster entlarven

Beispiel aus der Praxis

„Unternehmen X wäre als Arbeitgeber für mich natürlich interessant. Aber in so einem Bewerbungsverfahren habe ich sicher keine Chance!
- *Stopp!* -
Wenn ich so denke, dann verhindert dies, dass ich es überhaupt mal probiere. Damit schütze ich meinen Selbstwert zwar vordergründig, weil die Gefahr einer Ablehnung vermieden wird. Dies kann dauerhaft aber nicht funktionieren, wenn ich mich mit dem Zweitbesten schon abgefunden habe!"

Die Methode kann auch derart erweitert werden, dass der eigenen Überzeugung auch mögliche Wirkungen, Vor- und Nachteile der gegenteilig lautenden Überzeugung gegenübergestellt werden (vgl. Tab. 4.4).

Tab. 4.4 Beispielhafte Struktur einer Wirkungsanalyse

Wirkungsanalyse			
Überzeugung X		**Überzeugung Non-X**	
„Die anderen im Team sind besser als ich!"		*„Ich bin mindestens ebenso gut wie die anderen im Team!"*	
Vorteilhafte Effekte	**Nachteilhafte Effekte**	**Vorteilhafte Effekte**	**Nachteilhafte Effekte**
Ich überlasse den anderen die Diskussion!	Mein Selbstwert leidet!	Ich bringe mich aktiv in die Diskussion ein! Ich kommuniziere mir selbst und anderen damit, dass meine Perspektive mindestens ebenso viel wert ist wie diejenige der anderen!	Ich muss mich immer vollständig einarbeiten!
Ich muss mich nicht besonders engagieren	Die anderen fragen mich nicht nach meiner Meinung, nehmen mich nicht ernst!	Mit meinen Beiträgen verhindere ich schlechte Entscheidungen für mich persönlich und für die Organisation!	Ich bin verantwortlich für meine Entscheidungen – stehe aber dahinter!
Ich stresse mich daher nicht so wie die anderen!	Meine Interessen werden nicht berücksichtigt, es wird über meinen Kopf hinweg entschieden!	Das Engagement stellt eine Beförderung in Aussicht!	
Ich muss auch keine Verantwortung übernehmen!			

Zumeist werden für Personen mithilfe dieser Technik die „wahren" Motive hinter einer Überzeugung transparent. Oft handelt es sich um reine Bequemlichkeitsmotive, welche die dysfunktionale Kognition aufrechterhalten. Zudem wird offenkundig, dass die eigene Überzeugung zwar Vorteile hat, ihre Nachteile und die Vorteile einer alternativen Perspektive letztlich jedoch überwiegen, da die Person ja schließlich unter der dysfunktionalen Überzeugung leidet.

Auf diese Weise wird für Personen transparent, dass die eigenen dysfunktionalen Überzeugungen auf die eine oder andere Art die Zielerreichung von vornherein verhindern, dass innere oder äußere Konflikte aufrechterhalten oder sogar verschärft werden und dass Bedürfnisse nicht befriedigt werden können. Mithilfe der Gegenüberstellung (s. Tab. 4.4) lässt sich zugleich zeigen, dass alternative Überzeugungen zumindest die Chance eröffnen würden, ein begehrtes Ziel zu erreichen.

Diese Methode ähnelt prima facie der Begründungssequenz. Es bestehen jedoch nuancierte Unterschiede zwischen den beiden Methoden: Die Wirkungsanalyse führt in der Regel zu der Einsicht, dass mit einer bestimmten Geisteshaltung – berechtigt oder unberechtigt – die Erreichung eines Ziels durch Vermeidungsverhalten etc. von vornherein torpediert wird und durch die Haltung per se schon nicht erreicht werden kann. Die Begründungssequenz indes veranschaulicht zunächst lediglich, welch absurde und nicht berechtigte Überzeugungen einem Gedanken zugrunde liegen – die Analyse, welche Wirkungen dieser entfaltet und mit welchen Vor- und Nachteilen es einhergeht, auf diese Art zu denken, steht nicht im Vordergrund.

Die Wirkungsanalyse ist aufgrund ihrer Eigenschaft, die „wahren" (Bequemlichkeits- oder Selbstwertschutz-)Motive hinter einer Überzeugung identifizieren zu können, besonders geeignet für die Reduktion von Übergeneralisierungen, ungeprüften Projektionen, des Mind-Readings und von reduktionistischen und dichotomen Denkmustern.

4.4.6 Daten analysieren wie ein Wissenschaftler! – das Verhaltensexperiment

Hat man eine demotivierende, leistungsmindernde oder belastende Kognition zum Beispiel im Rahmen des ABC-Vorgehens (s. 4.4.3) identifiziert, empfiehlt es sich – ganz im Sinne der Sokratischen Methode – neben der Veranschaulichung der subjektiven Vor- und Nachteile (s. Wirkungsanalyse) eine möglichst objektive „Berechtigungsprüfung" der Kognition vorzunehmen. Dabei kann das sogenannte Verhaltensexperiment behilflich sein. Hier wird eine Überzeugung systematisch

4.4 Schritt 4: Eigene Gedankenmuster entlarven

empirisch getestet. Dabei kann es sich auch um ein Entscheidungsexperiment zwischen zwei konträren Überzeugungen handeln.

Geht eine Person beispielsweise von der Annahme aus, sie sei schlecht in Mathe, muss sie sich im Vorfeld überlegen, welches ein aussagekräftiger Beleg für diese Annahme wäre und welcher Test die Macht hätte, sie gegebenenfalls vom Gegenteil zu überzeugen. Diesen diagnostischen Test führt sie dann tatsächlich durch. Dabei könnte es sich in dem Beispiel in der Tat um ein objektiviertes Testverfahren für mathematische Intelligenz handeln. Es können aber auch Alltagstests eingesetzt werden, wie zum Beispiel zu prüfen, ob man beim Einkaufen das Wechselgeld an der Kasse schnell und korrekt berechnen kann. Überdies können Dokumentenanalysen erfolgen: Die Person könnte zum Beispiel den Durchschnitt ihrer Noten im Fach Mathematik, den sie während ihrer Schulzeit erzielt hat, voraussagen und anschließend berechnen (auch wenn sich das „Experimentieren" dann auf Verhalten in der Vergangenheit bezieht).

Beispiel aus der Praxis

„Bisher dachte ich immer, ich sei schlecht in Mathe, aber ich habe das falsifiziert:
Ich hatte nur in einem Schuljahr schlechte Noten, aber wir hatten in diesem Schuljahr auch einen neuen Lehrer und außerdem kam das sehr spezielle Thema „Stochastik" dran!"

Die Sichtung und Sammlung empirischer Daten verschafft in der Regel eine Außenperspektive auf eine Überzeugung, die nicht derart anfällig für die Übergewichtung der subjektiven Bedeutung von einzelnen Misserfolgen (oder auch Erfolgen) ist. Diese Technik kann daher bei dysfunktionalen Kognitionen eingesetzt werden, die durch die Einnahme einer objektiveren Außenperspektive reduziert werden können. Dies betrifft beispielsweise Übergeneralisierungen, ungeprüfte Projektionen, das Mind-Reading oder auch heuristisches und reduktionistisches Denken.

Zur besseren Veranschaulichung können die Belege und Gegenbelege in ein Schema eingetragen und gegeneinander abgewogen werden. Auch im Rahmen dieser Technik kann eine der eigenen Überzeugung zuwiderlaufende Überzeugung formuliert werden, für die ebenfalls Belege und Gegenbelege gesammelt, aufgelistet und bewertet werden (s. Tab. 4.5). Dabei stellt sich nicht selten heraus, dass es für die zumeist moderat formulierte Gegenüberzeugung keinerlei Gegenbelege gibt und diese sich daher vielmehr zur Übernahme in das eigene Denken anempfiehlt als die Ausgangsüberzeugung.

Tab. 4.5 Beispielhafte Darstellung der Datensammlung im Rahmen des Verhaltensexperiments

Verhaltensexperiment			
Überzeugung X		**Überzeugung Non-X**	
„Ich habe Schwierigkeiten mit der Mathematik!"		„Ich bin mindestens ebenso gut wie andere Personen in Mathematik; die Fähigkeiten reichen für meine Zwecke aus!"	
Belege	**Gegenbelege**	**Belege**	**Gegenbelege**
Ich habe in der 10. Klasse mehrere schlechte Noten in Mathe kassiert!	Ich kann problemlos an der Supermarktkasse das Wechselgeld errechnen!	Ich musste bislang keine karrieretechnischen Einbußen wegen mangelnder Mathematikkenntnisse hinnehmen!	? – keine!
Ich drücke mich im Job vor statistischen Aufgaben und habe keinen Spaß daran, sie zu bearbeiten!	Wenn Kopfrechnen gefordert ist, bin ich im Bekanntenkreis immer der Schnellste!	Der Durchschnitt meiner Schulnoten im Fach Mathe ist über die gesamte Schulzeit hinweg überdurchschnittlich gut gewesen!	

4.4.7 Mach genau das Gegenteil! – das intentionale Verstoßen (Acting-As-If)

Stehen spontan keine substanziellen Möglichkeiten zur Verifizierung oder Falsifizierung einer Kognition zur Verfügung, müssen Belege und Gegenbelege zunächst generiert werden. Dies gewährleistet das intentionale Verstoßen. Im Rahmen dieser Technik sollen sich Personen vornehmen, probeweise in eine bestimmte Situation mit einer ihrer eigentlichen Überzeugung diametral zuwiderlaufenden Überzeugung hineinzugehen und diese konträre Überzeugung über einen gewissen Zeitraum hinweg, zum Beispiel einen Tag lang, zu testen.

So könnte eine Person beispielsweise an einem Arbeitstag testen, ob ein Kollege sie möglicherweise doch gern mag, auch wenn sie bislang der gegenteiligen Überzeugung war. Die Person soll sich dementsprechend so verhalten, als gelte ihre eigentliche Überzeugung an diesem Tag nicht, sondern sie soll stattdessen davon ausgehen, dass genau das Gegenteil zutrifft. Das bedeutet, dass die Person beispielsweise mit dem Kollegen in die Kantine geht oder diesen um Hilfe bittet, obwohl sie den Kontakt mit ihm bislang vorsichtshalber vermieden hat. In der Regel sammelt die Person auf diese Weise handfeste empirische Belege, die *für* die

Alternativhypothese und *gegen* ihre bislang lediglich geistig belegte Überzeugung sprechen (vgl. z. B. Mind-Reading, ungeprüfte Projektionen, kontrafaktisches Denken).

Eine Führungskraft könnte auf diese Art in einem gewissen Zeitrahmen testen, ob der Betrieb in ihrer Abteilung auch dann noch erfolgreich weiterläuft, wenn sie nicht jedes Wochenende durcharbeitet, weil sie bislang der festen Überzeugung war, dass ohne sie alles ins Stocken gerät.

> **Beispiel aus der Praxis**
>
> „Ich war immer überzeugt davon, dass ich aus zeitlichen Gründen nicht mit den Kollegen in die Kantine gehen kann!
> - *Stopp!* -
> Ich gehe jetzt mal **davon aus, dass das gar nicht stimmt** und probiere morgen einfach mal aus, ob mich das wirklich so lange aufhält und ich deshalb tatsächlich länger arbeiten muss!"

Diese Methode kann unter Umständen sogar sich selbst erfüllende Prophezeiungen (s. o.) hervorbringen: Die umgepolte Erwartungshaltung kreiert ihre eigene bestätigende Realität.

4.4.8 Du darfst! – die paradoxe Intention

Bei der paradoxen Intention sollen sich Personen bewusst vornehmen zu versagen (vgl. Frankl 1972; Seitz 2007). Wenn eine Person beispielsweise Angst davor hat, sich während eines Vortrags zu versprechen, sollte sie sich vornehmen, dies möglichst oft zu tun.

Der Sinn dieser auf den ersten Blick grotesk anmutenden Technik ist darin zu sehen, dass sich Personen durch dieses Vorgehen von dem selbsterzeugten Druck befreien können, die Situation unbedingt fehlerfrei meistern zu müssen oder Ähnliches. Diese Art von Druck wird zum Beispiel bei Du-Musst-/Du-Sollst-Imperativen und dem perfektionistischen Denken erzeugt. Durch die Befreiung von diesem Druck nehmen Spannungen, intrusive Gedanken und insgesamt die Angst vor dem Versagen ab. Auf diese Weise erhöht die paradoxe Intention die Wahrscheinlichkeit dafür, dass sich Personen angstauslösenden Situationen stellen und die Aufgabe möglicherweise sogar derart konzentriert und befreit bearbeiten, dass daraus eine unerwartet gute Leistung resultiert.

Beispiel aus der Praxis

„Hoffentlich bekomme ich während des Vortrags nicht wieder einen Schweißausbruch!
- *Stopp!* -
Wenn ich es schaffe, bewusst einen heftigen Schweißausbruch herbeizuführen, gönne ich mir anschließend ein Bier!"

Diese Technik eignet sich plausiblerweise nicht für jede Problematik und auch nicht für jede Person. Dennoch sind die Anwendungsgebiete vielfältig. Beispielsweise können Personen bei stressbedingten Einschlafstörungen die Wahrscheinlichkeit erhöhen, einzuschlafen, wenn sie die paradoxe Intention fassen, noch mindestens zwei Stunden im Bett liegend wach zu bleiben, während das unbedingte und unmittelbare Einschlafen-Wollen höchstwahrscheinlich nicht zum Einschlaferfolg führt. Die Technik ist somit immer dann indiziert, wenn außerhalb eines selbsterzeugten Drucks keine weiteren Ursachen für die entsprechende Problemlage erkennbar sind oder der selbsterzeugte Druck die Problemlage verschärft.

Während das intentionale Verstoßen verlangt, eine den eigenen Überzeugungen zuwiderlaufende Geisteshaltung auszutesten, zielt die paradoxe Intention darauf ab, die eigene Überzeugung quasi ernst zu nehmen, deren Folgen zuzulassen und nicht dagegen anzuarbeiten. Im Rahmen beider Methoden können Personen jedoch empirische Belege sammeln, die gegen ihre dysfunktionalen Überzeugungen sprechen.

4.4.9 Auf sprachliche Feinheiten achten! – die Distanzierung

Eine empirische Widerlegung belastender Kognitionen ist gelegentlich auch schon durch eine Präzisierung der entsprechenden Überzeugung möglich. Bei irrationalen Überzeugungen handelt es sich oft um Pauschalisierungen („Ich kann kein Mathe!"). Begriffe wie „nie", „immer", „nichts", „alle", „absolut" und „keinesfalls" sind integrale Bestandteile dysfunktionaler Überzeugungen und entsprechender interner Dialoge. Zudem handelt es sich bei dysfunktionalen Kognitionen zumeist lediglich um Hypothesen, aus denen Prognosen über zukünftige Ereignisse abgeleitet werden („Da kann man ohnehin nichts machen!", „Hätte ich doch etwas anderes studiert, dann würde ich bald mehr verdienen können!"). Fordern sich Personen nun konsequent auf, solche Aussagen und Gedanken auf ihre Formulierung hin zu überprüfen und immer nur auf das konkret beobachtbare Verhalten beziehungsweise das in raum-zeitlichen Koordinaten tatsächlich Geschehene zu reduzieren („Gestern, bei dieser Rechenaufgabe, habe ich ein abweichendes Ergebnis

4.4 Schritt 4: Eigene Gedankenmuster entlarven

herausbekommen!"), so kann der „Impact" irrationaler Überzeugungen gemindert werden, sofern dies über eine bloß sprachliche Umetikettierung hinausgeht.

Beispiel aus der Praxis

„Mein Chef lehnt mich ab!
- *Stopp!* -
Ich muss es konkretisieren: Gestern Morgen vor dem wichtigen Meeting mit dem Vorstand ist er an mir und meinem Mitarbeiter vorbeigelaufen, ohne uns zu grüßen. Wir standen etwas versetzt – gut möglich, dass er uns zu spät gesehen hat und sicherlich hatte er in diesem Moment viele andere Dinge im Kopf."

Bei der sprachlichen Konkretisierung darf durchaus generalisiert, aber eben nicht übergeneralisiert werden. Denkt eine Führungskraft beispielsweise, dass sie bei ihren Mitarbeitern nicht besonders beliebt sei, könnte sie versuchen, die Überzeugung „Die Mitarbeiter können mich nicht leiden, das ist wirklich furchtbar!" zu spezifizieren: Sie weiß, dass dies nicht für alle Mitarbeiter gilt! Sie weiß, dass dies auch in der Vergangenheit nicht der Fall war! Sie weiß, dass es nur in bestimmten Situationen gilt! Sie weiß, dass es auch Evidenz für Sympathien bei den betreffenden Mitarbeitern gibt! Sie weiß, dass Antipathien für sie kaum Konsequenzen hätten – sie würde nur in einigen Meetings darunter leiden! Sie weiß, dass sie selbst im *Worst Case* mit ihren Mitarbeitern erfolgreich arbeiten könnte! etc. Durch die Distanzierung von sprachlichen Pauschalisierungen resultiert somit häufig eine realitätsnähere und weniger belastende Überzeugung, wie zum Beispiel „Einige meiner Mitarbeiter reagieren im Jour Fixe montagmorgens auf die Zuteilung schwieriger Aufgaben etwas genervt – das kann ich nachvollziehen!".

Es ist auch möglich, sich sprachlich von einer identifizierten dysfunktionalen Überzeugung zu distanzieren, wenn man diese in verschiedenen Dialekten verbalisiert, den Gedanken in verschiedenen Stimmlagen oder Melodien ausdrückt oder sich vorstellt, der eigene Lieblingskomiker würde diesen Gedanken aussprechen und veralbern. Man kann sich einen Gedanken auch auf amüsante Weise personifiziert vorstellen, zum Beispiel als kleines Männchen mit Hut. Wenn es auf eine dieser Arten gelingt, hartnäckige, beinahe zwanghafte Gedanken lächerlich wirken zu lassen, werden sie „entmachtet", verlieren ihren unantastbaren, imperativen Charakter und werden in ihrem universellen Gültigkeitsanspruch relativiert; d. h., sie werden beeinflussbar und kontrollierbar. Man möge sich die Wirkungen dieser Technik vergegenwärtigen, wenn eine Person sich immer wieder vorsingt: „Ich muuuuuss das aaaaahaaallein schaffen!".

4.4.10 Andere sind noch schlimmer! – das Merkmalskontinuum

Zahlreiche dysfunktionale Gedanken kreisen um eigene Mängel, Defizite, Unzulänglichkeiten, Fehler und Schwächen, oft sogar in generalisierter Form. Seltener, aber durchaus auch existent, sind Selbstüberschätzungen, Machbarkeitsphantasien, Kontrollillusionen, ein übersteigertes Selbstbewusstsein und übertriebener Optimismus. In beiden Fällen kann die Merkmalskontinuum-Technik zur Relativierung solcher Überzeugungen und zur realistischeren Einschätzung von Fähigkeiten und Situationen eingesetzt werden.

Die Technik fordert Personen dazu auf, sich auf einem Kontinuum zwischen extremen Ausprägungen einer Merkmalsdimension einzuordnen und diese Einordnung zu begründen. Wer beispielsweise denkt, er könne Mathe nicht, soll nun angeben, wo genau er sich mit diesem vermeintlichen Defizit ansiedeln würde – zwischen Albert Einstein und einer Person, die an Dyskalkulie leidet. Wer denkt, er habe etwas Schlechtes getan, soll angeben, ob seine vermeintlich unmoralischen Taten bei denjenigen Adolf Hitlers anzusiedeln sind oder ob sie doch nuanciert in Richtung der Taten Mutter Theresas verschoben werden können. Wer glaubt, er könne ohne akribische marktanalytische Vorbereitung eine Existenz gründen, möge sich überlegen, ob er sich mit seiner Idee und den ihm zur Verfügung stehenden Mitteln in der Nähe derjenigen 20 % sieht, die nach zehn Jahren am Markt auf Erfolgskurs sind oder bei denjenigen 80 %, die im Laufe dieser Zeit bereits gescheitert sind. Wer denkt, er leide unzumutbar unter bestimmten Lebensumständen, auch der kann sich fragen, an welchem Pol des menschlichen Leidkontinuums er sich ansiedeln würde – zwischen dem vermeintlich glückseligsten Menschen, welcher der Person bekannt ist, einerseits und den Bürgerkriegsvertriebenen, den Katastrophen-Obdachlosen, den Unfallversehrten, den Verbrechensopfern oder den ewig Hungernden und Dürstenden in den kargen Regionen der Erde andererseits.

Mit dieser Technik ist keine Belehrung oder Bagatellisierung des subjektiv empfundenen Leids intendiert, allein, es ist eine Hilfe für Personen, wenn sie sich die Relativität ihrer einschlägigen Kognitionen auf diese Weise besser vergegenwärtigen können.

Beispiel aus der Praxis

„Der Kollege ist so alt wie ich und hat es im Gegensatz zu mir schon zu einem Abteilungsleiter geschafft!
- *Stopp!* -

4.4 Schritt 4: Eigene Gedankenmuster entlarven

Gut, er hat auch keine Kinder! Im Vergleich zu denjenigen Kollegen, die Kinder haben, bin ich recht weit gekommen!"[4]

Die Technik eignet sich insbesondere zur Reduktion der unfairen sozialen Vergleiche, da Personen im Rahmen dieser Technik zu systematischen Vergleichen angeregt werden, bei denen situative Bedingungen und eigene Besonderheiten mit ins Kalkül gezogen werden müssen. Aber auch andere dysfunktionale Denkmuster wie Übertreibungen und Übergeneralisierungen können mithilfe der Technik bewältigt werden.

4.4.11 Man gönne ihm nichts! – die Schade-deinem-Feind-Methode

Bei dieser Methode ist man aufgefordert, sich seinen ärgsten Feind zu vergegenwärtigen[5], bei dem man es möglicherweise nicht besonders bedauern würde, wenn er einen Schaden erlitte. Daraufhin soll man sich fragen, ob man dieser Person Schaden zufügen könnte, wenn man sie einer Situation aussetzen würde, die für einen selbst subjektiv stark belastend ist. Man soll sich also überlegen, ob die von einem selbst wahrgenommene Gefährdung in einer bestimmten Situation tatsächlich so groß ist, dass sie dem ärgsten Feind einen ernsthaften Schaden zufügen würde, wenn dieser sich in der betreffenden Situation befände.

Personen kommen bei diesem Gedankenexperiment oft zu der Einsicht, dass es nicht möglich wäre, dem ärgsten Feind zu schaden, indem man ihn der entsprechenden Situation aussetzt. Dies wiederum führt zu der Einsicht, dass auch der Person selbst in der betreffenden Situation höchstwahrscheinlich nichts Ernsthaftes zustoßen würde.

Wenn eine Person beispielsweise befürchtet, sich bei einem Vortrag vor einem großem Plenum zu versprechen, kann sie sich überlegen, ob es für ihren ärgsten Feind tragisch wäre, wenn dieser sich bei dem Vortrag versprechen würde. Vielleicht würde dies für ein kurzes Amüsement im Plenum sorgen, aber es wäre vermutlich keine große Peinlichkeit zu befürchten. Personen, die mit Flugangst konfrontiert sind, können sich fragen, ob sie ihrem ärgsten Feind schaden würden,

---

[4] Dieses aus dem Leben gegriffene Beispiel soll nicht suggerieren, dass Kinder grundsätzlich Karrierechancen torpedieren.

[5] Die Bezeichnung „Feind" wird hier lediglich aufgrund des Namens der vorgestellten Technik verwendet. Die Mehrzahl der Leser kann vermutlich keinen Feind im engen Wortsinn benennen. Das Prinzip der Technik funktioniert jedoch auch bei der Vergegenwärtigung von Personen, die einem nicht sympathisch sind.

wenn sie ihn in das Flugzeug für den anstehenden Flug von Berlin nach Paris setzen würden. Dies sollte zu der Einsicht führen, dass man dem ärgsten Feind damit höchstwahrscheinlich nicht schaden kann und einem selbst dann wohl auch keine Gefahr droht.

Durch den bei Anwendung dieser Technik vollzogenen Perspektivenwechsel ändert sich oft die Risikobewertung von negativ besetzten Situationen. Daher eignet sich der Einsatz dieser Technik insbesondere zur Reduktion von katastrophisierenden Gedanken und Übertreibungen, aber auch perfektionistisches Denken kann relativiert werden.

Beispiel aus der Praxis

„In meiner Abteilung haben wir die Zielvereinbarung für dieses Jahr knapp verfehlt. Das wird Folgen haben!
- *Stopp!* -
Wie sähe es eigentlich bei dem unsympathischen Kollegen aus der Nachbarabteilung aus, wenn ihm das passiert wäre?
Es hätte vermutlich keine Konsequenzen!"

4.4.12 Kontrolle gewinnen! – das konkrete Ausmalen

Konkretes Ausmalen richtet sich gegen diffuse Versagensängste, aber auch gegen konfliktbedingte Blockaden bei der Handlungsplanung. Solche Ängste und Blockaden können entstehen, wenn Personen nicht wissen, was in einer Situation auf sie zukommt und wie sie sich in der Situation verhalten sollen. Die Technik, eine Situation gedanklich konkret auszumalen, hilft dabei, die Situation mental so zu strukturieren, dass eine detaillierte Handlungsplanung möglich wird und Personen den Eindruck bekommen, Kontrolle über die Situation gewinnen zu können.

Für diese Technik ist es nützlich, dass Personen sämtliche verfügbaren Informationen über die bevorstehende Situation sammeln und daraufhin imaginieren, welche Handlungen auf welche anderen wohl folgen werden oder könnten.

Beispiel aus der Praxis

„Oh Gott, ich weiß nicht, wie ich den Workshop gestalten soll – ich kenne mich in der Thematik überhaupt nicht aus!
- *Stopp!* -

4.4 Schritt 4: Eigene Gedankenmuster entlarven

Ich weiß, dass acht Personen kommen, ich kenne die zeitliche Themenabfolge, ich kann Elemente aus dem letzten Workshop verwenden, ... okay, ich bekomme es in den Griff!"

Bei hochängstlichen Personen kann das konkrete Ausmalen einer Situation allerdings auch einen gegenteiligen Effekt hervorrufen, so dass in diesen Fällen eher ein Aufmerksamkeit ablenkendes Vorgehen indiziert ist (Frankl 1972).

4.4.13 Mit den Gedanken vertragen! – Kontrakte schließen und Stopp-Signale festlegen

Die bislang vorgestellten Techniken erfordern einen gewissen Durchführungsaufwand und benötigen zumeist auch eine gewisse Zeit, um Wirkung entfalten zu können. Gesetzt den Fall, eine Person befürchtet, in einer unmittelbar bevorstehenden Situation – beispielsweise während eines Vortrags – von Versagensängsten übermannt zu werden, dann kann sie einen kognitiven Vertrag mit den intrusiven Gedanken schließen. Darin erkennt sie zunächst an, dass diese Gedanken aus nachvollziehbaren Gründen entstanden sein mögen, und dass sie sich mit diesen Gedanken auch auseinandersetzen wird. Allerdings wird sie dies nicht in der aktuellen Situation tun, da sie diesen Gedanken aktuell ohnehin nicht gerecht werden könnte. Sie „vereinbart" mit ihren Gedanken daher, dass sie sich nach dem Vortrag mit ihnen beschäftigen wird und dass sie die intrusiven Gedanken zunächst beiseiteschieben darf.

Beispiel aus der Praxis

„Hoffentlich merkt keiner, dass ich mich nicht vorbereitet habe!
- *Stopp!* -
Ich kann aus der Situation nur erfolgreich herausgehen, wenn ich mich jetzt voll konzentriere und mich auf meine bestehenden Fähigkeiten verlasse! Mit dem Rest befasse ich mich, sobald ich Zeit dafür habe!"

Stopp-Signale dienen dem gleichen Zweck: Bei dieser Technik legt man sich vor einer angstauslösenden Situation ein Zeichen zurecht (z. B. sich kurz auf die Knie schlagen) und verknüpft dieses mit einem konstruktiven Gedanken. Sobald störende Gedanken entstehen, wendet man das Zeichen an. Dies unterbricht die störende Gedankenkette und fungiert sodann als Anlass, sich wieder auf die konkreten Situationsanforderungen zu konzentrieren.

4.4.14 Wer ist schuld? – Anteilsermittlung (Re-Attribution)

Attributionen sind Ursachenzuschreibungen für beobachtetes Verhalten (Heider 1958; Kelley 1967). Personen tendieren dazu, die Ursachen für Verhalten entweder in persönlichen Eigenschaften oder in situativen Umständen zu sehen. Je nachdem, welche Ursache wahrgenommen wird, kann dies erfreulich oder aber belastend sein. Macht eine Person für einen Erfolg beispielsweise eher situative Faktoren verantwortlich (z. B. geringe Aufgabenschwierigkeit) oder für einen Misserfolg eher persönliche Eigenschaften (z. B. einen Mangel an Fähigkeiten), dann hat dies plausiblerweise keine erhebende Wirkung. In umgekehrter Konstellation (Erfolg – Begabung, Misserfolg – Zufall) wäre dies jedoch durchaus der Fall.

Welche Perspektive auf einen Erfolg oder Misserfolg nun die richtige ist, lässt sich subjektiv in der Regel nicht exakt feststellen. Im Rahmen der Anteilsermittlungstechnik wird jedoch geprüft, ob im Fall eines belastenden, selbstwertsenkenden Ereignisses oder auch im Fall eines Erfolgs eventuell auch andere Faktoren beteiligt waren, die über die augenscheinlich vorliegenden hinaus einen Beitrag zu dem Misserfolg oder dem Erfolg geleistet haben. Auf diese Weise können überheblicher Stolz reduziert und belastende Scham relativiert werden. Diese Technik drängt sich daher zur Reduktion von Übertreibungen, der selektiven Wahrnehmung und des Minimierens geradezu auf.

> **Beispiel aus der Praxis**
>
> „Meine Abteilung ist in diesem Jahr die beste – das habe ich genial gemacht!
> - *Stopp!* -
> Sicher, ich hatte gute Ideen, aber damit wir erfolgreich bleiben, muss ich dafür sorgen, dass die begünstigenden Umstände auch im nächsten Jahr wieder gegeben sind!"

Hinweise, die dafür genutzt werden können, Faktoren zu entdecken, die über die augenscheinlich vorliegenden Ursachen hinaus Einfluss auf einen Erfolg oder Misserfolg hatten, speisen sich aus einer Vielzahl von Quellen: Sie können sich aus Konsistenzinformationen (Wird ein Verhalten konsistent über die Zeit hinweg gezeigt?), aus Konsensinformationen (Wird das Verhalten auch von anderen Personen gezeigt?) und aus Distinktheitsinformationen (Wird das Verhalten auch bezüglich anderer Objekte gezeigt?) ergeben (Kelley 1967). Diese Informationsquellen können systematisch abgesucht werden, um ein vollständigeres Bild von den Erfolgs- und Misserfolgsursachen (und auch anderer Verhaltensergebnisse) zu erhal-

4.4 Schritt 4: Eigene Gedankenmuster entlarven

ten. So könnte sich zum Beispiel erweisen, dass eine *ansonsten sehr leistungsstarke* Person (Distinktheitsinformation) in einem bestimmten Aufgabenbereich schon *immer* Schwierigkeiten hatte (Konsistenzinformation), dies jedoch *auch für ihre Urlaubsvertretungen* gilt (Konsensinformation). Diese Informationskonstellation legt nun nahe, dass die Aufgaben in diesem speziellen Bereich offenbar generell nicht ohne Schwierigkeiten zu bewältigen sind. Hingegen läge die Ursache der Leistungsschwäche wohl eher in der Person selbst, wenn sie auch in einigen anderen Aufgabenbereichen Probleme hätte und/oder wenn die Urlaubsvertretungen mit der speziellen Aufgabe keinerlei Schwierigkeiten hätten.

4.4.15 Jammerschleifen sprengen! – Denken in Lösungen

Personen beschäftigen sich zuvorderst mit ungelösten Problemen, immer wiederkehrenden Schwierigkeiten oder aversiven Lebensumständen – diese sind ihnen bestens bekannt und ständig präsent. In entsprechenden „Jammergedanken" verharren Personen mitunter tage-, wochen- und monatelang. Für die Selbstmotivierung wäre es jedoch besser, nach der unmittelbaren Analyse einer Problemlage eher in Lösungen zu denken als in Problemen. Eine optimale Haltung dafür könnte als konstruktive Akzeptanz eines aktuell gegebenen Problemzustandes bezeichnet werden, von deren Basis aus am ehesten der Blick für positiv konzipierte Lösungsmöglichkeiten des Problems geöffnet werden kann.

Personen sollen im Rahmen dieser Technik somit zunächst zu einer positiven Zielformulierung gelangen, mit der überhaupt erst eine konkrete Handlungsplanung möglich wird. Zielformulierungen der Form „Ich will nicht (mehr) X!" sollen daher transformiert werden in positive Formulierungen wie „Ich will Y!". Anschließend sollen Personen überlegen, auf welche Weise sie unmittelbar mit den konkret verfügbaren Mitteln diesen Zielzustand erreichen können (vgl. Tab. 4.6).

Beispiel aus der Praxis

„Jeden Tag im Job dasselbe! – Hätte ich mich doch damals für das Jurastudium entschieden, dann würde ich jetzt auch mehr verdienen!
- *Stopp!* -
Es gibt keine realistische Möglichkeit mehr, die Profession zu wechseln und mein Bekannter, der Jurist ist, hat auch so seine Schwierigkeiten. Ich setze mir daher jetzt besser im Rahmen meines derzeitigen Jobs eigene Ziele und kann dann noch richtig was bewegen!"

Tab. 4.6 Beispiele und Übungen zum Denken in Lösungen

Denken in Lösungen statt in Problemen

Beispiele:

Problemdenken	Lösungsorientierte Umstrukturierung
„Mein Kollege nervt mit seinen ständigen Fragen!"	„Ich lege Kontaktzeiten mit dem Kollegen fest und gebe dann primär Hilfe zur Selbsthilfe!"
„Ich surfe zu lange im Internet!"	„Ich werde das Internet nur noch maximal zwei Stunden zur zielgerichteten Recherche verwenden und lege mir eine Alternativbeschäftigung wie Lesen zurecht!"
„Ständig dieser Lärm im Büro!"	„Morgen bringe ich mir Ohropax mit und versuche nachmittags, Teleheimarbeit im Homeoffice durchzusetzen!"
„Ich kann kein Englisch. Daher komme ich karrieretechnisch nicht voran!"	„Ich suche mir einen VHS- oder Internetsprachkurs heraus und melde mich sofort an!"
„Ich ziehe mir ständig Sportverletzungen zu!"	„Ich wärme mich zukünftig vor dem Sport eine halbe Stunde länger auf und probiere nächste Woche zugleich eine weniger belastende Sportart aus!"

Übung: Übersetzen Sie die jeweilige Beschreibung eines Problemzustandes in einen adäquaten Lösungsvorschlag!

„Mein Chef setzt mich unter Druck!"	
„Ich trinke zu viel Kaffee!"	
„Die Unordnung im Büro ist unerträglich!"	
„Mir fehlen berufliche Kontakte. Daher komme ich nicht voran!"	
„Das Kantinenessen schmeckt nicht!"	
„Das Coaching ist miserabel!"	

Problemgedanken stellen oft zugleich auch dysfunktionale Kognitionen dar, zum Beispiel, wenn sie die Form des kontrafaktischen Denkens annehmen oder dem Ruminieren, Katastrophisieren, den Übergeneralisierungen oder Übertreibungen entspringen.[6] Lösungsorientierte Gedanken sind aufgrund ihrer zielführenden Energetisierungswirkung indes eher funktional. Lösungsgedanken stimulieren die konkrete Handlungsplanung in klar definierten raum-zeitlichen Koordinaten

---

[6] Bei dieser Art von Gedanken handelt es sich allerdings nicht immer um selbstbezogene Überzeugungen oder Denkfehler im engeren Sinn. Zudem ist darauf zu achten, dass lösungsorientierte Gedanken nicht blind aktionistisch sind, ansonsten werden sie schnell wieder dysfunktional.

4.4 Schritt 4: Eigene Gedankenmuster entlarven

Tab. 4.7 Zuordnung geeigneter Interventionstechniken zu den verschiedenen dysfunktionalen Denkmustern

	Dysfunktionales Denkmuster	Interventionstechnik
1	Dichotomes Denken	Wirkungsanalyse
2	Kontrafaktisches Denken	Denken in Lösungen, intentionales Verstoßen, konkretes Ausmalen
3	Unfaire soziale Vergleiche	Merkmalskontinuum
4	Perfektionistisches Denken	Worst-Case-Szenario, Begründungssequenz
5	Minimierung	Anteilsermittlung, Merkmalskontinuum
6	Übergeneralisierungen	Verhaltensexperiment, intentionales Verstoßen, Wirkungsanalyse, Distanzierung
7	Übertreibungen	Anteilsermittlung, Schade-deinem-Feind
8	Ungeprüfte Projektionen	Detektion von Negationen, Wirkungsanalyse, intentionales Verstoßen, Verhaltensexperiment
9	Mind-Reading	Verhaltensexperiment, intentionales Verstoßen, Wirkungsanalyse
10	Du-Musst-/ Du-Sollst-Imperative	Worst-Case-Szenario, paradoxe Intention, Begründungssequenz
11	Katastrophisierungen	Detektion von Negationen, Schade-deinem-Feind, Worst-Case-Szenario
12	Ruminieren	Worst-Case-Szenario, konkretes Ausmalen, Ressourcen-Reload (vgl. Kap. 4.5.3)
13	Reduktionistisches Denken	Verhaltensexperiment, Wirkungsanalyse
14	Heuristisches Denken	Verhaltensexperiment
15	Selektive Wahrnehmung	Anteilsermittlung, Distanzierung

Anmerkung: Beinahe sämtliche Techniken können zur Reduktion beinahe sämtlicher dysfunktionaler Kognitionen eingesetzt werden – dies hängt nur von der Kreativität ihrer Ausgestaltung ab. Die Tabelle gibt somit lediglich Hinweise darauf, welche Techniken sich bei Vorhandensein bestimmter dysfunktionaler Denkmuster unmittelbar nahelegen. Die Techniken können auch kombiniert werden. So können beispielsweise beinahe alle Techniken auch im Rahmen des ABCDE-Vorgehens (s. Sokratische Methode) angewendet werden

unter Zuhilfenahme der zur Verfügung stehenden Mittel. Mit der Loslösung von Problemgedanken und der Orientierung hin zu lösungsorientierten Gedanken geht somit zumeist eine Substituierung von dysfunktionalen mit funktionalen Gedanken einher.

Damit kann nun der abschließende Teil – *Schritt 5* – bearbeitet werden. Der Tab. 4.7 lässt sich eine zusammenfassende Zuordnung von dysfunktionalen Denkmustern und passenden Interventionsmethoden entnehmen.

Wie bereits erwähnt, sollten am Ende von Schritt 4 mit einer oder mehreren der beschriebenen Techniken die eigenen dysfunktionalen Gedankenmuster identifiziert worden sein. Es sollte darüber hinaus eine kritische Prüfung der Stichhaltigkeit der Überzeugungen stattgefunden haben, so dass berechtigte und unberechtigte Aspekte klar erkennbar sind.

> **Beispiel aus der Praxis**
>
> „Ich kann Mathe nicht! – Es ist evident, dass dies eine Übergeneralisierung ist!"

4.5 Schritt 5 – ideale Gedanken mit der Funktion eigener Gedankenmuster kombinieren – funktionale Gedanken- und Verhaltensmuster entwickeln

Im letzten Schritt werden die idealen zielführenden Gedanken, die in Schritt 3 identifiziert wurden, mit der in Schritt 4 ermittelten Funktion beziehungsweise den berechtigten Aspekten der eigenen dysfunktionalen Kognitionen kombiniert. Ausgangspunkt sind die idealen zielführenden Gedanken. Diese werden jedoch derart modifiziert oder auch unter Rahmenbedingungen gefasst, dass sie realistisch und ausgewogen bleiben.

> **Beispiel aus der Praxis**
>
> „Ich habe generell Spaß an der Lösung mathematischer Probleme, es sei denn, es handelt sich um Aufgaben der Stochastik. Ich habe im 10. Schuljahr in Stochastik eine ‚4' gehabt, meine mathematischen Fähigkeiten sind aber zum Zweck der Beförderung ausreichend beziehungsweise ausreichend trainierbar und für stochastische Aufgaben hole ich mir Hilfe. Ich gehe mathematischen Problemen nun also nicht mehr aus dem Weg, sondern konfrontiere mich aktiv damit und probiere mich dabei gern aus!"

Sobald erfolgreich mit den bislang beschriebenen Techniken gearbeitet wurde, kann damit begonnen werden, dysfunktionale Überzeugungen durch funktionale Kognitionen zu ersetzen.

Beispielsweise muss eine Prüfungssituation kein angstbesetztes Szenario für eine Person bleiben, sondern kann auch als Möglichkeit angesehen werden, eine herausfordernde Aufgabe zu bewältigen, ein Wissensgebiet systematisch zu erschließen, das eigene Wissen dann präsentieren zu können und die eigene Kompetenz unter Beweis zu stellen. Oder: Anstatt sich von perfektionistischen Gedanken drangsalieren zu lassen, kann eine Person stattdessen denken: „Das Wesentliche habe ich im Griff, ich muss die Sache nicht perfekt machen, gut reicht für eine gute Bewertung und zur effizienten Erreichung meiner Ziele aus!".

4.5.1 Reaktionsliste

Um das neue, funktionale mentale Design schneller an die auslösenden Situationen zu koppeln, sollte eine so genannte *Reaktionsliste* erstellt werden, auf der all die ermittelten Gegenbelege und Nachteile des alten mentalen Designs und die Belege und Vorzüge des neuen Designs stichpunktartig aufgelistet sind. In jedem belastenden Moment muss die Reaktionsliste vergegenwärtigt werden; d. h., Personen müssen sich die Liste durchlesen, vorlesen oder deren Inhalte bildlich vorstellen, damit die Situation mit den neuen funktionalen Gedanken verknüpft werden kann. Dies könnte beispielsweise über einen Zeitraum von 30 Tagen praktiziert werden. Dieses Vorgehen führt dazu, dass tatsächlich nach einiger Zeit nur noch die erarbeitete funktionale Überzeugung durch die Situation ausgelöst wird.

Dies ist der Prozess, der oben verglichen wurde mit dem, eine neue Sprache zu lernen. Sobald Vorstellungen oder Situationen eine belastende, demotivierende oder leistungsmindernde Wirkung entfalten, muss sich die betroffene Person die angeeigneten alternativen Perspektiven, zielführenden Gedanken und deren Vorteile und empirische Belege vergegenwärtigen. Damit legt sie sich sukzessive das Rüstzeug an, an dem die herkömmlichen, dysfunktionalen Kognitionen allmählich abprallen, bis sie schließlich nicht mehr durchdringen können und völlig außen vor bleiben. Für jede spezifische Situation lässt sich spezifisches Rüstzeug anlegen. Es gibt aber auch eine Universalrüstung, die nachfolgend skizziert wird.

4.5.2 Hardiness

Friedrich Nietzsche, der bereits mehrfach erwähnte deutsche Philosoph, räumt ein, dass das Leben durchaus leidvoll und schmerzhaft sein kann. Dies muss seiner Ansicht nach jedoch kein Argument gegen eine positive Sichtweise des Lebens sein. Entscheidend sei vielmehr die Einstellung gegenüber solchen Schmerz- und Leidzuständen. Nietzsche betont, man könne selbst das Leid und den Schmerz im Leben bejahen, beispielsweise, indem man Widrigkeiten als Anreiz für die eigene Willenskraft betrachtet und damit verbundene Herausforderungen geradezu begrüßt, um daran persönlich wachsen zu können (vgl. z. B. Nietzsche 1901/1996, WzM).

Im Berufsleben können diese Überlegungen besonders gut nachvollzogen und auch umgesetzt werden, denn auch hier können Personen Herausforderungen, Spannungen etc. aktiv aufsuchen, um ihre Kräfte zu messen und ihre Grenzen auszutesten. Durch die Vergegenwärtigung der Gedanken Nietzsches ist es möglich, sich in anstrengenden, leidvollen, belastenden, stress- oder konfliktreichen Situationen neu zu mobilisieren, da man der natürlichen Schon- und Vermeidungshaltung in solchen Situationen nicht erliegt, sondern sich von auftretenden Spannungszuständen eher stimulieren und umso mehr anspornen lässt.

Das Grundvertrauen, Belastungen bewältigen und Kontrolle über schwierige Situationen bekommen zu können, und die Fähigkeit, Belastungen als Herausforderungen begreifen zu können, werden als *Hardiness* bezeichnet (Kobasa 1979). Das Ziel, ein funktionales Mind-Design zu kreieren, könnte auch dann als erreicht angesehen werden, wenn es gelungen ist, allgemeine Härte-Überzeugungen der folgenden Art aufzubauen: „Schwierige Situationen stimulieren mich eher – daran kann ich meine Kräfte auslassen!", „Nur an Widerständen und Herausforderungen kann man wachsen!", „Auch das werde ich durchstehen, da habe ich schon ganz andere Sachen gemeistert!", „Die Belastung ist da, sie stresst mich, aber Stress ist okay – ich kann ihn aushalten und mit Belastungen umgehen!"[7]

Beispiel aus der Praxis
„Ich kann bald nicht mehr!
- *Stopp!* -
Ohne Anstrengung wäre es auch langweilig, ich könnte auf gar nichts stolz sein und so entwickle ich mich außerdem noch weiter. Ich will ein aktives Leben führen, mich anstrengen und etwas produzieren!"

Warum also wie ein scheues Reh, voller Angst, Zweifel und Wehleidigkeit dem Leben, seiner Arbeit oder der Last des Daseins beleidigt gegenüberstehen? Warum all diese Dinge nicht als Herausforderung ansehen, als Übung für die Willenskraft? Warum sollten Personen dies tun? Auch dafür gibt es zwar keine letzte Begründung, wenn es aber möglich und notwendig ist, sich den Sinn im Leben selbst zu setzen, warum dann nicht auf diese vorteilhafte Weise? Es wäre dann

---

[7] Selbstverständlich sollen auch solche Überzeugungen funktional bleiben und zwar insofern, als sie Personen dazu befähigen, ihre Ziele effizienter zu erreichen. Sie sollen also im konkreten Fall nicht in unreflektierte Machbarkeitsillusionen, situative Selbstüberschätzungen oder mangelnde Problemsensibilität abdriften – sie sollen fundiert und ehrlich gemeint sein! Auch bei solchen Überzeugungen ist somit zunächst zu testen, ob sie im konkreten Fall erfolgreicher sind als herkömmliche Überzeugungen.

nämlich so, dass sich Personen nicht mit ihren Handlungen im Widerspruch befänden, denn eine passive, gleichgültige, lethargische, faule oder resignierte Person widerspricht sich doch in jeder Sekunde ihres Lebens selbst: Lebend des Lebens überdrüssig sein, etwas tun zu müssen, es aber eigentlich nicht tun zu wollen, sich sehnen nach Entspannung, sie aber notwendigerweise nicht dauerhaft finden zu können. Wer Spannungen, den Schmerz, das Leid, ja, die Unlust abschaffen will, der schafft auch die Lust ab, denn vorhergehende Unlust ist eine Bedingung für nachfolgende Lusterlebnisse. Erst die Überwindung von Widerständen kann somit echte Erfolgserlebnisse generieren. Lust und Unlust sind dabei zwei durchaus nicht starre Kategorien: Ein- und derselbe physiologische Zustand kann einmal als Lust und ein anderes Mal als Unlust erlebt werden. Wer den Schmerz, das Leid, den Widerstand zu einem gewissen Grad aufsucht, um daran wachsen zu können, für den verwandelt sich so manches Unlusterleben in ein Lusterleben. Auch wenn dies prima facie paradox erscheinen mag: Personen können zu mehr Souveränität in ihrem (Arbeits-)Leben gelangen, wenn sie die Einstellung zum Leid verändern, und zwar, indem sie Belastungen prinzipiell bejahen. Der Schmerz wird dann zu einer Art Stimulans dafür, die eigenen Kräfte an den Widrigkeiten auszulassen. Im notwendigen Leid durch eine Einstellungsänderung, eben doch keinen Einwand gegen das Leben, die Arbeit oder bestimmte Aufgaben sehen zu müssen – auch dies ist eine denkbare Zutat für ein funktionales mentales Design.

Es gibt eine Methode, welche Personen dabei unterstützt, die beschriebene Hardiness aufzubauen. Diese Methode dient auch der Präventivabwehr dysfunktionaler Kognitionen. Daher wird sie nachfolgend erläutert – der Ressourcen-Reload.

4.5.3 Ressourcen-ABC & Ressourcen-Reload

Personen sollen auf einem Blatt Papier drei Spalten einzeichnen. Die erste Spalte wird mit der Überschrift „Buchstabe im Alphabet" versehen, die zweite mit „Ressource" und die dritte mit „Beleg, Beispiel, Ereignis" (vgl. dazu Jerusalem, 1990; Ufer 2013).

Anschließend sollen nun in die erste Spalte sämtliche Buchstaben des Alphabets untereinandergeschrieben werden. Diese Buchstaben dienen der Gedankenanregung. Denn im zweiten Schritt soll zu jedem Buchstaben eine Ressource oder auch mehrere Ressourcen benannt werden, über die die Person verfügt: bei dem Buchstaben „A" beispielsweise das mit „a" beginnende Attribut „abenteuerlustig". In der dritten Spalte soll nun ein Ereignis beschrieben werden, bei dem die Person dieses Attribut unter Beweis gestellt hat oder die aufgelistete Ressource erfolgreich verwendet hat (s. Tab. 4.8).

Tab. 4.8 Beispielhafte Darstellung des Ressourcen-ABC

Buchstabe im Alphabet	Ressource	Beleg, Beispiel, Ereignis
A	Ausdauernd, ausgeglichen, Anne, Audi	*Ausdauernd*: 14 Prüfungen innerhalb von sechs Monaten absolviert; *ausgeglichen*: …
B	Baden im See, belastbar	*Baden*: baden im See entspannt mich, z. B. Sommer 2014 *belastbar*: …
…	…	…
Z	Zusammenhalt in der Familie, zuverlässig	*Zusammenhalt*: Auf meine Eltern kann ich mich immer verlassen, z. B. finanzielle Unterstützung während des Studiums *zuverlässig*: …

Ressourcen können dabei sein:

- *Fähigkeiten und Fertigkeiten: Eignungen, Wissen, Können, Erfahrungen*
- *Charaktereigenschaften, Talente*
- *Vergangene Erfolge, erreichte Ziele, bewältigte Herausforderungen*
- *Schlüsselerlebnisse; bedeutsame Ereignisse, die man erlebt hat*
- *Persönliche Werte und Einstellungen*
- *Menschen: Familie, Freunde, Kollegen, Vereinskontakte, Netzwerke*
- *Materielles: Geld, Vermögen, Besitztümer*
- *Filme, Bücher, Bilder, Musikstücke (z. B. Motivations-, Party-, Entspannungssongs)*
- *Energetisierende Träume, Visionen, Wünsche*

Diese Methode hat in der Regel einen erhebenden Effekt auf Personen, weil diese sich ihre Stärken und Erfolge vergegenwärtigen. Die Methode dient dazu, funktionale Kognitionen mit Belegen zu unterfüttern. Die enorme Anzahl an Kompetenzen, die im Rahmen dieses Vorgehens in der Regel generiert wird, stellt das Rüstzeug dafür dar, die unzähligen Einfallstore für dysfunktionale Überzeugungen präventiv zu schließen. Für zukünftige Herausforderungen können Personen nämlich analysieren, welche Kompetenzen zur Bewältigung der jeweiligen Herausforderung erforderlich sind. Sie können daraufhin das Ressourcen-ABC durchsehen und prüfen, ob sie diese oder ähnliche Kompetenzen schon einmal an den Tag gelegt haben. Ist dies der Fall, versetzten sie sich nochmals in die damalige Situation und können sich auf diese Art für die neue Herausforderung mobilisieren. Dieses

Vorgehen wird als Ressourcen-Reload bezeichnet. Dysfunktionale Kognitionen, die beispielsweise auf Minimierungen, Übergeneralisierungen, ungeprüfte Projektionen oder das Ruminieren zurückgehen, haben keine Chance mehr!

> **Beispiel aus der Praxis**
>
> „Erstaunlich, was mir schon alles gelungen ist. Das war mir so nie bewusst. Ich denke, mit diesen Ressourcen kann ich auch zukünftige Herausforderungen gut bewältigen!"

4.6 Zusammenfassung des Beispiels

- Schritt 1 – die Relativität von Überzeugungen erkennen
  „Die Überzeugung, dass ich kein Mathe kann, ist nur eine Hypothese!"

- Schritt 2 – Motive und Ziele identifizieren
  „Ich will befördert werden!"

- Schritt 3 – ideale zielführende Gedanken ermitteln
  „Ich habe Freude an der Lösung mathematischer Probleme!"

- Schritt 4 – eigene Gedankenmuster entlarven
  „Ich kann Mathe nicht!" – es ist evident, dass dies eine Übergeneralisierung ist!

- Schritt 5 – ideale Gedanken mit der Funktion eigener Gedankenmuster kombinieren
  „Ich habe generell Spaß an der Lösung mathematischer Probleme, es sei denn, es handelt sich um Aufgaben aus der Stochastik. Ich habe im 10. Schuljahr in Stochastik eine ‚4' gehabt, meine mathematischen Fähigkeiten sind aber zum Zweck der Beförderung ausreichend trainierbar und für Aufgaben aus dem Bereich Stochastik hole ich mir Hilfe!"

Der Ausgangspunkt für das vorgestellte fünfstufige Prozedere wird somit höchstwahrscheinlich in einem persönlichen Leidensdruck begründet sein: Ziele werden nicht erreicht, Bedürfnisse nicht befriedigt, Leistungspotenziale nicht abgerufen. Personen sollten sich deshalb nochmals ihre Ziele klar vergegenwärtigen und prüfen, ob sie diese wirklich erreichen wollen. Ist dies der Fall, sollen sie sich fragen, wie eine Person denken und handeln müsste, die diese Ziele unbedingt und effizient erreichen will. Anschließend sollen sie kontrastieren, wie sie selbst denken und handeln, ob sich dieses Denken einem der dysfunktionalen Denkmuster zuordnen lässt und warum die Gedanken auf diese Weise beschaffen sind. Mithilfe der vorgestellten Techniken können Personen dabei ihre eigenen Denkmuster auf berechtigte und unberechtigte Aspekte hin prüfen: Welche Motive wollen berücksichtigt werden? Welche Erfahrungen können nicht ignoriert werden? Welche Vorteile und Nachteile entstehen bei verschiedenen Überzeugungen? Gibt es alternative Perspektiven auf die betreffende Situation? Muss eine Überzeugung konkretisiert werden? etc. Hat sich dieser innere Diskurs erschöpft, können Personen sodann eine neue Geisteshaltung designen, die von ideal-zielführenden Gedanken und Handlungen ausgeht, aber dabei die berechtigt erscheinenden Elemente der eigenen Gedankenwelt nicht ignoriert. Das neue Design muss nun daraufhin getestet werden, ob es erfolgreicher ist als das alte, d. h., ob es dazu führt, dass Bedürfnisse nachhaltiger befriedigt werden können, Leid reduziert wird, innere und äußere Konflikte abgebaut werden oder Ziele sich nun effizienter erreichen lassen. Dabei ist in der Regel Geduld aufzubringen: Rückschläge sind möglich und Feintunings des neuen Designs müssen gegebenenfalls vorgenommen werden – es ist mühsam, eine neue Sprache zu lernen!

In diesem Kapitel wurden zahlreiche allgemeine Techniken zur Reduktion dysfunktionaler Kognitionen vorgestellt. Aus den Befunden, die in Kap. 3 dargelegt wurden, konnte man schlussfolgern, dass dysfunktionale Kognitionen sich negativ in vielen leistungsbezogenen Bereichen wirtschaftlichen Handelns niederschlagen müssen. Im nun folgenden Kap. 5 wird daher beschrieben, 1) auf welche Weise dysfunktionale Kognitionen in diesen Bereichen wirksam werden und 2) mit welchen speziellen Modifikationen der in diesem Kapitel vorgestellten Interventionstechniken ihr Einfluss reduziert werden kann.

Literatur

Chomsky, N. (1957). *Syntactic structures*. Princeton: Mouton & Co.
Chomsky, N. (1980). *Rules and representations*. New York: Columbia University Press.
Choudhury, K. (2013). *Managing workplace stress. The cognitive behavioral way*. New Dehli: Springer India.
Doran, G. T. (1981). There's a S.M.A.R.T. way to write management's goals and objectives. *Management Review, 70*(11), 35–36.
Dörner, D. (1989). *Die Logik des Misslingens. Strategisches Denken in komplexen Situationen*. Reinbek: Rowohlt.
Ellis, A. (1982). *Die rational-emotive Therapie. Das innere Selbstgespräch bei seelischen Problemen und seine Veränderung*. München: Pfeiffer.
Ellis, A. (1991). The revised ABC's of rational emotive therapy. *Journal of Rational-Emotive & Cognitive-Behavior Therapy, 9*(3), 139–172.

Literatur

Frankl, V. (1972/2007). *Einführung in die Logotherapie und Existenzanalyse*. Mühlheim: Auditorium Netzwerk.

Heider, F. (1958). *The psychology of interpersonal relations*. New York: Wiley.

Helferich, C. (2012). *Geschichte der Philosophie. Von den Anfängen bis zur Gegenwart*. Stuttgart: Metzler.

Kahneman, D. (2012). *Schnelles Denken, langsames Denken*. München: Siedler.

Kaluza, G. (2011). *Stressbewältigung. Trainingsmanual zur psychologischen Gesundheitsförderung*. Berlin: Springer.

Kargl, G. (2003). *Einsteins Relativitätstheorie – das Geheimnis von Raum und Zeit*. Wien: Komplett Media GmbH.

Kelley, H. H. (1967). Attribution theory in social psychology. In D. Levine (Hrsg.), *Nebraska symposium on motivation* (S. 192–238). Lincoln: University of Nebraska Press.

Kobasa, S. C. (1979). Stressful life events, personality, and health. Inquiry into hardiness. *Journal of Personality and Social Psychology, 37*(1), 1–11.

Kubowitsch, K. (1995). *Power Coaching. Wie Sie sich besser vermarkten und mehr Einfluss im Unternehmen gewinnen*. Wiesbaden: Gabler.

Lauth, B., & Sareiter, J. (2002). *Wissenschaftliche Erkenntnis – eine ideengeschichtliche Einführung in die Wissenschaftstheorie*. Paderborn: Mentis.

Leahy, R. L. (2007). *Techniken kognitiver Therapie. Ein Handbuch für Praktiker*. Paderborn: Junfermann.

Metzinger, T. (2003). *Being no one. The self-model theory of subjectivity*. Cambridge: MIT Press.

Nietzsche, F. (1996). *Der Wille zur Macht*. Stuttgart: Kröner. (Originalarbeit erschienen 1901).

Nietzsche, F. (1999a). *Die fröhliche Wissenschaft*. Berlin: De Gruyter. (Originalarbeit erschienen 1882).

Nietzsche, F. (1999b). *Jenseits von Gut und Böse*. Berlin: De Gruyter. (Originalarbeit erschienen 1886).

Nietzsche, F. (1999c). *Menschliches, Allzumenschliches*. Berlin: De Gruyter. (Originalarbeit erschienen 1878).

Sauerland, M., & Müller, G. F. (2012). *Selbstmotivierung und kompetente Mitarbeiterführung*. Hamburg: Windmühle.

Sauerland, M., & Reich, S. (2014). Dysfunctional Job-Cognitions – über die Folgen dysfunktionalen Denkens im Arbeitskontext. In M. Sauerland & O. Braun (Hrsg), *Aktuelle Trends in der Personal- und Organisationsentwicklung* (S. 28–61). Hamburg: Windmühle.

Seitz, B. (2007). *Die Logotherapie und Existenzanalyse Viktor Emil Frankls*. München: GRIN-Verlag.

Seligman, M. (2012). *Flourish – wie Menschen aufblühen. Die positive Psychologie des gelingenden Lebens*. München: Kösel.

Ufer, M. (2013). Grenzkompetenz. Souveränität in persönlichen Extremsituationen steigern. In M. Sauerland, et al. (Hrsg.), *Selbstmotivierung für Sportler. Selbstmotivationstechniken zur Leistungssteigerung im Sport*. Balingen: Spitta.

Wilson, T. D. (1985). Strangers to ourselves: The origins and accuracy of beliefs about one's own mental states. In J. H. Harvey & G. Weary (Hrsg.), *Attribution: Basic issues and applications* (S. 9–36). New York: Academic.

Wilson, T. D., & Schooler, J. W. (1991). Thinking too much: Introspection can reduce the quality of preferences and decisions. *Journal of Personality and Social Psychology, 60*, 181–192.

Denkhilfen für spezielle Herausforderungen 5

Dysfunktionale Kognitionen sind für zentrale Gegenstandbereiche der Wirtschaftspsychologie von Bedeutung. Dies soll nachfolgend für die Bereiche *Leistung*, *Stress und Burnout*, *Absentismus und Präsentismus*, *Change-Prozesse* und *weitere Bereiche* aufgezeigt werden (s. Tab. 5.1). Zudem werden jeweils spezifische Interventionen skizziert.

5.1 Leistung

5.1.1 Leistungseinbußen aufgrund dysfunktionaler Kognitionen

Leistung ist ein durch einen gewissen Energieaufwand geschaffener Wert. Sie kann als ein Produkt aus den sich wechselseitig beeinflussenden Faktoren *Fähigkeit*, *Motivation* und *Situation* konzipiert werden (Sonnentag und Frese 2002; Vroom 1964; ausdifferenzierte Modelle finden sich z. B. bei Campbell et al. 1993):

$$Leistung = Fähigkeit \times Motivation \times Situation$$

Diese Formel soll zunächst anhand einiger Beispiele veranschaulicht werden (vgl. dazu Sauerland et al. 2013).

Zunächst seien zur Veranschaulichung Beispiele aus dem Sport benannt: Mit dem Ausdruck *Situation* ist die situative Ermöglichung der Leistungserbringung

Tab. 5.1 Bereiche, in denen sich dysfunktionale Kognitionen niederschlagen

Bereiche	
Kap. 5.1	Leistung
Kap. 5.2	Stress und Burnout
Kap. 5.3	Absentismus und Präsentismus
Kap. 5.4	Change-Prozesse
Kap. 5.5	Weitere Bereiche

gemeint. Auf einem steinigen Feldweg werden es selbst die besten Sprinter schwer haben, den Hundertmeterlauf in zehn Sekunden zu absolvieren. Auf einer Tartanbahn in einem windgeschützten Stadion hingegen besteht durchaus die Möglichkeit, diese Leistung zu vollbringen. Mit dem Ausdruck *Fähigkeit* sind a) die persönliche Eignung und b) die Erfahrungen gemeint, die eine Person in eine Leistungssituation mitbringt. Eine kleine Person wird es schwer haben, im Hochsprung überdurchschnittliche Leistungen zu erbringen, im Reitsport oder Bodenturnen hingegen ist dies durchaus möglich, weil ihr Körperbau optimal für solche Sportarten *geeignet* ist. Ebenso wird jemand, der noch nie einen Skislalom absolviert hat, keinen guten Lauf ableisten können. Erst umfängliche *Erfahrungen* mit der richtigen Fußpositionierung etc. könnten zu herausragenden Leistungen führen. Wie aus der dargestellten Formel hervorgeht, hängt die Leistung aber auch von der *Motivation* ab – sie ist ebenfalls eine notwendige Bedingung für die Erbringung herausragender Leistungen. Bei Fußballmannschaften ist zuweilen das interessante Phänomen zu beobachten, dass ein Trainerwechsel eine plötzliche Leistungssteigerung bei den Spielern bewirkt. Umgekehrt kommt es bei Freundschaftsspielen häufig zu einem plötzlichen Leistungseinbruch. Die Fähigkeiten der hochprofessionellen Spieler können sich in beiden Fällen natürlich nicht in so kurzer Zeit verändert haben. Die Ursache für die plötzliche Leistungsveränderung der Spieler geht somit vor allem auf Veränderungen ihres motivationalen Zustandes zurück.

Ein berufsbezogenes Beispiel: Die Leistung, zehn Kaufverträge in einem Jahr abzuschließen, kann plausiblerweise durch *situative Bedingungen* wie die Verfügbarkeit eines Firmenwagens oder eines Teams von Assistenten gefördert werden, während es beinahe ausgeschlossen ist, eine vergleichbare Leistung zu erbringen, wenn derselbe Mitarbeiter stattdessen mit permanentem Lärm in seinem Büro konfrontiert ist oder mit einem nicht reibungsfrei funktionierenden Smartphone arbeiten muss. Eine extravertierte und intelligente Person wird es des Weiteren aufgrund dieser *geeigneten* Attribute leichter haben, Verträge mit Kunden abzuschließen, als eine introvertierte und weniger intelligente Person. Ebenso wird ein Mitarbeiter, der noch keine *Erfahrungen* mit Verhandlungen sammeln konnte, ceteris paribus deutlich weniger Verträge abschließen können als ein Mitarbeiter, der darin be-

5.1 Leistung

reits geübt ist, dem zahlreiche Verhandlungsstrategien bekannt sind und der im Umgang mit Kunden bereits umfängliche Kompetenzen erworben hat. Auch in Arbeitsteams kann ein Wechsel der Führungskraft einen plötzlichen Leistungseinbruch oder -zuwachs bei den Teammitgliedern bewirken. Die Ursache für die plötzliche Leistungsveränderung geht somit auch hier primär auf Veränderungen des *motivationalen Zustands* zurück.

Die dargelegten Beispiele verdeutlichen auch, dass die Komponente „Fähigkeit" oft nur langwierig, teils gar nicht veränderbar ist. In der Berufswelt sind die situativen Bedingungen für die Leistungserbringung überdies oft gut – die Arbeitsmittel und Arbeitsplätze sind zumindest nicht mehr derart widrig gestaltet, dass sie die Leistungserbringung prinzipiell hemmen würden. Die Ursache für nicht ausgeschöpfte Leistungspotenziale geht somit durchaus auch auf motivationale Defizite zurück. Erst durch die Beseitigung motivationaler Defizite ist es möglich, die auf Basis der gegebenen Fähigkeiten maximal mögliche Leistung hervorzubringen, d. h., die Performanz der Kompetenz anzupassen. Selbst im typischen, alltäglichen Leistungsverhalten (vgl. typische vs. maximale Leistung; Sackett 2007) existieren drastische inter- und intraindividuelle Schwankungen (Campbell et al. 1996). Doerr et al. (2004) quantifizieren die Leistungsunterschiede zwischen den stärksten und den schwächsten Teammitgliedern in Arbeitseinheiten bei vergleichbaren und leichten Aufgaben mit 4:1 – diese Zahlen lassen sich beispielsweise anhand der Anzahl abgeschlossener Kaufverträge veranschaulichen. Da schwer vorstellbar ist, dass die Fähigkeiten der Mitarbeiter in Bezug auf leichte Aufgaben interindividuell derart unterschiedlich stark ausgeprägt sind, weisen auch solche Befunde darauf hin, dass Unternehmen mit einer ständigen Leistungszurückhaltung von einigen Mitarbeitern und Führungskräften konfrontiert sind, dass Potenziale nicht ausgeschöpft werden und dass von vielen Mitarbeitern lediglich Dienst nach Vorschrift verrichtet wird (Letzteres betrifft über 60 % der Beschäftigten; Gallup 2010, 2013). Vermutlich leiden die betroffenen Personen auch selbst unter ihren Demotivierungszuständen.

Demotivierung kann zahlreiche Ursachen haben. Fast immer jedoch sind dysfunktionale Kognitionen ursächlich, aufrechterhaltend, forcierend oder zumindest begleitend daran beteiligt. Der demotivierende und leistungsmindernde Charakter dysfunktionaler Kognitionen wurde in den vorangegangenen Kapiteln bereits dargelegt.

Beispiel aus der Praxis
„Mit meiner Arbeit kann ich ohnehin nichts Besonderes bewirken!"

Die demotivierende und leistungsreduzierende Wirkung von dysfunktionalen Kognitionen kann mehrere Ursachen haben: Diese Art des Denkens führt 1) zu Stimmungseintrübungen mit der damit einhergehenden Inaktivität und Antriebslosigkeit (Bates et al. 1999), sie erzeugt 2) kognitive Ressourcen absorbierende Ängste und störende intrusive Gedanken (vgl. Wine 1971), sie mindert 3) durch negative Erwartungshaltungen die Motivation zu handeln (Vroom 1964) und evoziert 4) negativ wirkende, sich selbst erfüllende Prophezeiungen (vgl. Jussim 1986). Wie soll aus Gedanken wie „Die anderen könnten schlecht von mir denken!", „Ich kann keine Sprachen lernen!", „Da kann man ohnehin nichts machen!", „Die anderen hier sind besser als ich!", „Wenn dabei etwas schiefgeht, wäre das katastrophal!" oder „Der Kunde hat an unseren Ideen sicher kein Interesse!" eine motivierte, befreite, kreative und außenwirksame Leistung entstehen?

Es ist seit Langem bekannt, dass *Selbstwirksamkeitsüberzeugungen* zu den besten Prädiktoren für Leistungsunterschiede zwischen Personen gehören. Unter dem Konzept der Selbstwirksamkeit kann die subjektive Überzeugung einer Person verstanden werden, mithilfe der eigenen Kompetenzen wichtige Ziele erreichen zu können (Bandura 1980, 1982). Personen mit einer hoch ausgeprägten Selbstwirksamkeitsüberzeugung erbringen ceteris paribus bessere Leistungen als Personen mit einer niedriger ausgeprägten Selbstwirksamkeitsüberzeugung (Gist und Mitchell 1992). Dieser Befund kristallisiert erneut die Bedeutung dysfunktionaler Kognitionen für das Leistungsverhalten heraus, da die Selbstwirksamkeitsüberzeugung nämlich als bewusst repräsentiertes Endprodukt (dys-)funktionaler Erwägungsprozesse und Analysevorgänge verstanden werden kann.

Der empirische Nachweis für die These, dass sich dysfunktionale Kognitionen letztlich sogar auf das Leistungsverhalten auswirken, konnte unter anderem von meinem Forscherteam erbracht werden: Personen mit einem hohen Ausmaß an dysfunktionalen Kognitionen erbrachten in einer Konzentrationsaufgabe signifikant schlechtere Leistungen als Personen mit weniger stark ausgeprägten dysfunktionalen Kognitionen. Dabei wurde ein Farb-Wort-Interferenztest (Bäumler 1985) zur unspezifischen Leistungsmessung verwendet. Gemessen wurde die benötigte Zeit beim Interferenzlesen. Die so ermittelten Leistungen der $N=45$ Probanden konnten mit der Ausprägung ihrer dysfunktionalen Kognitionen, die zuvor mit der Skala dysfunktionaler Kognitionen (Hautzinger et al. 2005) erfasst wurden, systematisch in Zusammenhang gebracht werden ($r=-0{,}42$; $p<0{,}01$). Zahlreiche weitere Tests wurden von meinem Forscherteam durchgeführt, größtenteils mit dem bereits in Kap. 3 vorgestellten Fragebogen zur Messung der Ausprägung dysfunktionaler Denkmuster. Die Ergebnisse dieser Untersuchungen sind in Tab. 5.2 aufgeführt. Die statistischen Kennwerte deuten darauf hin, dass teils beachtliche

5.1 Leistung

Tab. 5.2 Zusammenhänge zwischen der Ausprägung dysfunktionaler Kognitionen und verschiedenen Leistungsparametern

Der Einfluss von dysfunktionalen Kognitionen auf den Leistungsparameter ...	Höhe des korrelativen Zusammenhangs	Autoren der Studie"
Berufserfolg	$r=-0{,}31$ ($N=209$)*	*Lauer und Sauerland (2014)*
Einkommen	$r=-0{,}27$ ($N=28$)$^{+}$~~	*Parusel und Sauerland (2014)*
Konzentrationsleistung (Stroop-Test)	$r=-0{,}42$ ($N=45$)*^{0}	*Zupp und Sauerland (213)*
Konzentrationsleistung (d2-Test)	$r=-0{,}16$ ($N=36$)*^{0}	*Prokein und Sauerland (2014)*
Problemlösefähigkeiten	$r=0{,}23$ ($N=43$)*$^{0-}$	*Schnöger und Sauerland (2014)*
Noten im Bachelorstudiengang	$R^2=0{,}54$ ($N=34$)$^{+0}$	*Wolkersdorfer und Sauerland (2014)*
Schulnoten (Mathematik)	$r=0{,}20$ ($N=262$)*	*Swidersky und Sauerland (2014)*

Anmerkungen: *statistisch signifikanter Zusammenhang; +tendenzieller Zusammenhang im reduzierten Modell; ^{0} bzgl. ausgewählter Parameter; ~der positive Zusammenhang bedeutet hier: je höher die Ausprägung dysfunktionaler Denkmuster, desto länger benötigen Personen dafür, bestimmte Probleme zu lösen. ~~der negative Zusammenhang bedeutet: je höher die Ausprägung dysfunktionaler Kognitionen, desto geringer die Einkommenshöhe. "unveröffentlichte Diplom-, Master- oder Bachelorarbeiten

Zusammenhänge zwischen der Ausprägung dysfunktionaler Kognitionen einerseits und den jeweiligen Leistungsparametern andererseits bestehen.

Der Einfluss dysfunktionaler Kognitionen auf prokrastinierendes Verhalten (Beswick et al. 1988) und andere performance-relevante Parameter konnte ebenfalls bereits aufgezeigt werden (Frost et al. 1990) (einen Überblick geben Szentagotai und Jones 2010).

Im Rahmen einer unorthodoxen Untersuchungsreihe von Dörner und Kollegen sollten Probanden zum Beispiel eine computersimulierte Schokoladenfabrik leiten (Dörner 1989; vgl. auch Hoyer 2006). Personen, die das Unternehmen erfolgreich lenkten, hatten auch weniger dysfunktionale Kognitionen als Personen, die das Unternehmen weniger erfolgreich führten. Erfolgreiche und nicht-erfolgreiche Performer unterschieden sich in den Studien somit auch im Ausmaß ihrer dysfunktionalen Kognitionen. Weniger erfolgreiche Probanden erfassen beispielsweise die Komplexität und Vernetzung der Einfluss nehmenden Variablen nicht. Dieses reduktionistische Denken führt oft zu blindem Aktionismus – es werden dann isolierte, aber massive Maßnahmen ergriffen, ohne deren Nebenwirkungen und Folgeerscheinungen zu bedenken. Nach einem Misserfolg kann es sodann zu einer Handlungsblockade kommen, zum Beispiel weil kontrafaktisches Denken an den Tag gelegt wird („Hätte ich doch...!", „Könnte ich das doch rückgängig machen!"), oder es kommt bei einer anstehenden Aufgabe zu einer lähmenden Überplanung, weil aufgrund katastrophisierenden Denkens Angst vor einem erneuten Scheitern besteht. Teils unterliegen die Probanden auch ungeprüften Projektionen, wenn sie zum Beispiel der Meinung sind, man könne bestimmte Faktoren, wie zum Beispiel Kundenbedürfnisse, ohnehin nicht beeinflussen. Sie neigen unter solchen Umständen zur so genannten Einkapselung; d. h., sie beschäftigen sich nur noch mit Aufgaben, die sie unmittelbar unter Kontrolle haben, die sie lösen *können*, jedoch nicht mit denjenigen Problembereichen, die sie lösen *sollten* und die zentral wären, um das Unternehmen vor der Pleite zu bewahren.

Es bedarf keiner geistigen Akrobatik zu imaginieren, welchen Einfluss dysfunktionale Kognitionen auf die Performanz in der Schule, im Studium und im Berufsleben haben. (Dys-) Funktionale Kognitionen gehören vermutlich zu den besten Prädiktoren der Job-Performance. Erste Hinweise für diese Annahme lassen sich der Arbeit von Srivastava und Nair (2011) entnehmen. Die Autoren empfehlen auf der Grundlage ihrer Befunde, Stellenbewerbern bereits bei der Personalauswahl entsprechende Diagnoseverfahren vorzulegen.

5.1.2 Ein Training zur Reduktion demotivierender, leistungsmindernder Kognitionen

Im Rahmen von Stressmanagementtrainings bewirken integrierte kognitiv-behaviorale Techniken in der Tat eine Stressreduktion (Kushnir und Malkinson 1993; Trexler und Karst 1972, u. a.). Ähnlich erfolgreich sind auch kognitiv orientierte Vorgehensweisen im Gesundheitsmanagement (Keogh et al. 2005). In Führungskräftecoachings wurden solche Strategien ebenfalls schon nutzbringend eingesetzt (Sherin und Caiger 2004). Nachfolgend wird ein Beispiel für ein Training zur Reduktion leistungsbezogener dysfunktionaler Kognitionen dargestellt, das primär auf das in Kap. 4.4.3 skizzierte ABCDE-Vorgehen rekurriert.

In Bezug auf die Variablen *Motivation* und *Leistung* hat mein Forscherteam ein eigenes Trainingskonzept evaluiert. Dabei standen die Vermittlung, Erarbeitung und Anwendung von Strategien zur Reduktion demotivierender und leistungshemmender Denkmuster im Vordergrund. Eine weitere Zielsetzung war die Vermittlung, Erarbeitung und Anwendung von Strategien zum Aufbau motivierender und leistungsfördernder Kognitionen. Zu diesen beiden Zwecken wurden zunächst Situationen ermittelt und gesammelt, die für die Teilnehmer demotivierend waren, beziehungsweise in denen sie nicht die gewünschte Leistung abrufen konnten (A – Activating Events). Abbildung 5.1 zeigt die entsprechende Auflistung eines Trai-

Abb. 5.1 Sammlung von demotivierenden Situationen (*A* – Activating Events) im Rahmen einer Trainingsgruppe

Abb. 5.2 Sammlung von Reaktionen auf die demotivierenden Situationen (*C* – Consequences)

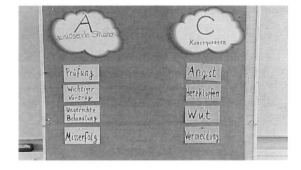

ningsteilnehmers. Das Leistungspotenzial des Teilnehmers konnte zum Beispiel in prüfungsähnlichen Situationen im Rahmen von betrieblichen Weiterbildungsveranstaltungen und bei wichtigen Vorträgen nicht abgerufen werden.

Anschließend wurden die daraus resultierenden negativen Reaktionen ermittelt und gesammelt (C – Consequences, s. Abb. 5.2). Der erwähnte Teilnehmer gab beispielsweise an, dass er in prüfungsähnlichen Situationen Prüfungsangst verspüre, die ihn daran hindere, sein Wissen vollständig darzulegen. Bei wichtigen Vorträgen hatte er Herzklopfen, welches ihn von den zu vermittelnden Inhalten ablenkte.

Den Teilnehmern wurde verdeutlicht, dass zwischen den auslösenden Ereignissen (A) und den Reaktionen darauf (C) kein direktes Kausalverhältnis besteht,

Abb. 5.3 Sammlung von dysfunktionalen Überzeugungen, die zwischen die demotivierenden Situationen und den Reaktionen darauf geschaltet sind (*B* – Beliefs)

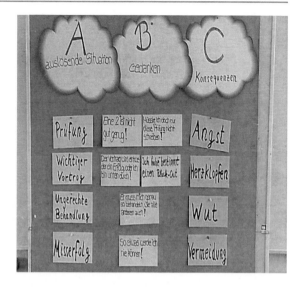

sondern dass die Reaktionen (C) durch die Interpretation (B) der auslösenden Situationen (A) vermittelt ist. Dies wurde anhand der aufgelisteten Beispiele verdeutlicht: Eine Prüfungssituation beispielsweise ist für viele Kollegen keineswegs ein angstauslösendes Ereignis, diese nehmen die Situation gar nicht erst als Prüfungssituation wahr und freuen sich sogar eher darauf, die Gelegenheit zu nutzen, ihr Wissen unter Beweis stellen zu können. Gleichzeitig erzeugen Prüfungen in anderen Lebensbereichen, wie dem Sport, für die betroffene Person keinerlei Angstgefühle. Daraus kann geschlossen werden, dass zumeist nicht die von den Teilnehmern benannten Situationen per se demotivierend wirken, sondern dass diese Situationen erst durch bestimmte (dysfunktionale) Interpretationen zu unangenehmen Ereignissen werden.

Es folgte daher die Identifizierung der zwischen Situation und Reaktion geschalteten dysfunktionalen Kognitionen (B – Beliefs, s. Abb. 5.3). Für den bereits beschriebenen Teilnehmer waren Prüfungssituationen nur deshalb angstbesetzt, weil dieser der Überzeugung war, mit Bestnoten bestehen zu müssen („Eine ‚2' ist nicht genug!"). Wichtige Vorträge erzeugten psychosomatische Symptome wie Herzklopfen, weil der Teilnehmer sich darüber Gedanken machte, wie peinlich ein Blackout in einer Vortragssituation wäre.

Diese Gedanken wurden sodann dysfunktionalen Denkmustern zugeordnet (s. Abb. 5.4). Dabei wurde die Überzeugung, Prüfungssituationen mit Bestnoten abschließen zu müssen, als perfektionistisches Denken identifiziert. Die Befürch-

5.1 Leistung

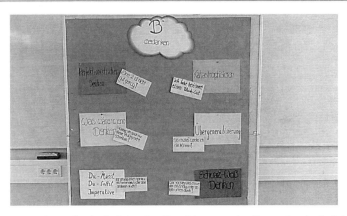

Abb. 5.4 Zuordnung der dysfunktionalen Kognitionen zu den Kategorien dysfunktionalen Denkens

tung, bei einem Vortrag einen Blackout zu haben, wurde von dem Teilnehmer sogar als Katastrophisieren eingestuft.

Die dysfunktionalen Gedanken wurden anschließend durch mehrere Methoden hinterfragt – beispielsweise in Form eines Rollenspiels, in dessen Rahmen eine Anklage- und Verteidigungsrede für die entsprechenden Überzeugungen erstellt wurde (vgl. Cross-Examination, Kaluza 2011; vgl. Sokratischer Dialog, Kap. 4.4.3), oder auch mithilfe eines Reality-Checks; d. h., der systematischen Suche nach Belegen, Gegenbelegen oder logischen Widersprüchen hinsichtlich der dysfunktionalen Kognitionen. Der bereits erwähnte Teilnehmer ließ sich im Sokratischen Dialog schnell davon überzeugen, dass er seine beruflichen Ziele auch ohne Bestnoten erreichen kann, insbesondere weil die Benotungen sein täglich erfolgreich eingesetztes Wissen nicht widerspiegelten, und dies jedem seiner Kollegen und seinem Vorgesetzten bekannt war. Im Rahmen der Sammlung empirischer Gegenbelege, stellte sich zudem heraus, dass der Teilnehmer selbst noch nie in seinem Leben einen Blackout gehabt hat und die entsprechende Befürchtung daher völlig unbegründet war. Die entkatastrophisierende Möglichkeit, im unwahrscheinlichen Fall eines Blackouts das betroffene Thema im Vortrag zunächst zurückzustellen und später wieder aufzugreifen, verschaffte dem Teilnehmer ein zusätzliches Kontrollgefühl, so dass keinerlei intrusive Gedanken mehr zu erwarten waren. Es kamen somit zusätzlich noch Varianten der Techniken *Detektion von Negationen*, *Worst-Case-Szenario, konkretes Ausmalen* und *Denken in Lösungen* zum Einsatz.

Die dysfunktionalen Kognitionen wurden anschließend durch funktionale substituiert und zum Beispiel in Rollenspielen oder in Nachstellungen der anfangs dokumentierten demotivierenden Situationen eingeübt. Für den erwähnten Teil-

Tab. 5.3 Ergebnisdarstellung der Wirksamkeit dreier Trainings zur Reduktion leistungsbezogener dysfunktionaler Kognitionen. (vgl. dazu Reich 2015)

Wirkung des Trainings auf...	Effekt	Besser als ein Standardmotivationstraining
Identifikationsfähigkeit dysfunktionaler Kognitionen	Ja	Ja, statistisch signifikant
Fähigkeit zum Umgang mit dysfunktionalen Kognitionen	Ja	Ja, statistisch signifikant
Ausprägung dysfunktionaler Denkmuster	Ja	Für einzelne Denkmuster reduziert
Wahrgenommener Nutzen des Trainings für den Job	Ja	Ja, statistisch signifikant
Leistungsmotivation	Ja	Für einzelne Parameter signifikant
Stresserleben	Ja	Ja, statistisch signifikant
Arbeitszufriedenheit	Ja	Tendenziell besser
Gesundheitszustand	Ja	Nein, keine Unterschiede

nehmer wurden beispielsweise zwei prüfungsähnliche Situationen und eine Vortragssituation arrangiert. Zur Konfrontation mit diesen Situationen hatte er sich zum Beispiel den folgenden funktionalen Gedanken zurechtgelegt: „Die Prüfung mache ich zu einer bereichernden Fachdiskussion!".

Das skizzierte ABCDE-Vorgehen stellt im Falle leistungsreduzierender dysfunktionaler Kognitionen aus zwei Gründen die Rahmenmethode der Wahl dar: 1) Leistungsminderungen sind in der Regel an spezifische Aufgaben geknüpft – die ABCDE-Methode erleichtert zu Beginn bei der Suche nach auslösenden Situationen die Identifikation dieser spezifischen Aufgabenbereiche. 2) Leistungsminderungen können vielfältige kognitive Ursachen haben, die vom dichotomen bis hin zum heuristischen Denken reichen – die ABCDE-Methode ist durch ihre offenen Gestaltungselemente geeignet, diese Vielzahl von Ursachen zu erfassen und sodann jeweils passende Interventionstechniken zur Anwendung kommen zu lassen.

Im Rahmen dreier Evaluationsstudien mit insgesamt $N=45$ Führungskräften erwies sich das kognitiv-behaviorale Training im Vergleich zu einem Standard-Motivationstraining als signifikant erfolgreicher (z. B. hinsichtlich der eingeschätzten Nützlichkeit für den Berufsalltag, der Stressbewältigungskompetenz und der Bewältigung schwieriger Situationen). Die Ergebnisse lassen sich der aufgeführten Tab. 5.3 entnehmen.

Auch Disstress mindert bekanntlich die individuelle Leistung und somit die Unternehmensproduktivität (vgl. z. B. Weinert 2004). Im nachfolgenden Kapitel wird der Einfluss dysfunktionaler Kognitionen auf die Entstehung von Stress eruiert.

5.2 Stress und Burnout

5.2.1 Stressgedanken

Unzählige Indizien belegen die Annahme, dass dysfunktionale Kognitionen eine bedeutende Ursache für die Entstehung von Depressionen sind (Bates et al. 1999; Just und Alloy 1997; Nolen-Hoeksema 1995; Solomon et al. 1998, 2003; Strickland et al. 1975). Sowohl die Symptomatik – zum Beispiel Antriebslosigkeit, Erschöpfung, reduzierte Leistungsfähigkeit – wie auch ätiologisch relevante Bedingungen für Depressionen – zum Beispiel Belastungen, mangelnde Wahrnehmung von Kontrolle – ähneln denjenigen von Burnout-Erkrankungen derart, dass die Annahme nahe liegt, dysfunktionale Kognitionen sind auch maßgeblich an der Entstehung von Burnout beteiligt (vgl. Maslach und Jackson 1984; Maslach et al. 2001; Meck 2010). Einige empirische Befunde unterstützen diese These (Balevre 2001). In einer Untersuchung, die von meinem Forscherteam durchgeführt wurde, konnte in einer Stichprobe von $N=113$ Berufstätigen ein erstaunlich hoher und statistisch signifikanter Zusammenhang zwischen der Ausprägung dysfunktionaler Kognitionen einerseits und Burnout-Symptomen andererseits nachgewiesen werden ($r=0,72$; Steger 2014).

Zu nennen sind in diesem Kontext insbesondere die burnout-affinen Wirkungen von 1) perfektionistischem Denken wie „Ich muss das perfekt machen, darf mir keinen Fehler erlauben!", 2) reduktionistischen Gedanken, die sich darum drehen, sich beweisen zu müssen und ansonsten nichts wert zu sein, 3) katastrophisierenden Überzeugungen wie „Ich muss immer über alles die absolute Kontrolle bewahren, ansonsten passieren Fehler und nichts geht mehr voran!" und in späteren Stadien 4) ungeprüften Projektionen der Wirkungslosigkeit wie „Da kann man ohnehin nichts machen!". Wer der Überzeugung ist, höchste Ansprüche perfekt erfüllen zu müssen und das alleine schaffen zu müssen, der brennt, und wer aus diesem Grund den gestellten Ansprüchen immer hinterherläuft, sich keinen Puffer gönnen kann, wer nichts delegieren kann, der brennt schnell aus.

Beispiel aus der Praxis
„Ich muss das allein schaffen!"

Die Bedeutung, welche dysfunktionalen Kognitionen bei der Entstehung von Stresserleben im Allgemeinen zukommt, ist ebenfalls klar ersichtlich: Es ist bekannt, dass ein und derselbe – objektiv registrierbare – Stressor auf verschiedene Personen sehr unterschiedliche Wirkungen haben kann (vgl. Lazarus 1991; Lazarus und Folkman 1984). Manche Personen sind bei Vorhandensein von Umgebungsgeräuschen nicht imstande, sich zu konzentrieren, andere Personen hingegen bedürfen desselben Geräuschpegels geradezu, um eine Aufgabe erfolgreich bewältigen zu können. Neben solchen *inter*individuellen Differenzen existieren auch *intra*individuelle Unterschiede in der Stresssensibilität: Eine und dieselbe Arbeitsbelastung kann an einigen Tagen zu heftigen Überforderungsreaktionen führen, während sie an anderen Tagen bei derselben Person als stimulierende Herausforderung wahrgenommen wird. Die inter- und intraindividuell unterschiedliche Vulnerabilität einem Belastungsfaktor gegenüber kann mit der unterschiedlichen Interpretation und Bewertung des Stressors plausibel erklärt werden – also mit seiner funktionalen beziehungsweise dysfunktionalen kognitiven Kategorisierung (vgl. auch Conrad und Matthews 2008; Eriksen et al. 2005; Ursin und Eriksen 2004; Tan 2004). Dysfunktionale Interpretationen einer Arbeitsaufgabe wie „Ich muss alles in meinem Leben allein schaffen" können geradezu als Stresskognitionen bezeichnet werden, während funktionale Überzeugungen wie „Schwierige Aufgaben stimulieren mich – daran kann ich meine Fähigkeiten auslassen!" eher eine stresspuffernde Wirkung haben.

5.2.2 Hardiness als Stresspuffer

Es mutet daher vielversprechend an, die im klinischen Bereich überaus wirksame kognitive Umstrukturierung zur Reduktion dysfunktionaler Kognitionen (Freeman und Oster 1999; Hollon und Beck 1994; Shaw und Segal 1999; Terjesen et al. 2000) auf den betrieblichen nicht-pathologischen Kontext zu transferieren, d. h., für die Bewältigung von berufsbezogenem Stress und die Burnout-Prävention nutzbar zu machen (Ziegler und Leslie 2003). Im Rahmen von Stressmanagementtrainings bewirken integrierte kognitiv-behaviorale Techniken in der Tat eine Stressreduktion (Kushnir und Malkinson 1993; Trexler und Karst 1972, u. a.). Der Ablauf solcher Trainings folgt in der Regel dem bereits für demotivierende Situationen geschilderten ABCDE-Vorgehen, mit dem Unterschied, dass anfangs Stress auslösende, belastende Ereignisse gesammelt werden.

Zumeist kristallisieren sich bei diesem Vorgehen dysfunktionale Gedanken heraus, die sich dem perfektionistischen Denken, Du-Musst-Imperativen oder unfairen sozialen Vergleichen zuordnen lassen. Diese Denkmuster lassen viele Auf-

5.2 Stress und Burnout

gaben, Situationen und Ereignisse erst zu Auslösern von Stressreaktionen werden.[1] Der Einsatz des Merkmalskontinuums, der Begründungssequenz und der Worst-Case-Szenarien als Interventionsmethoden ist in diesen Fällen somit besonders indiziert. Mit diesen Methoden kann erfolgreich operiert werden, da sie Personen dazu befähigen, unnötigen Druck, der durch externe „Indoktrination" zustande gekommen ist, abzubauen.

Nach Relativierung dieser Art von Stressoren bleiben noch diejenigen Aufgabenbereiche als potenzielle Stressoren übrig, die Personen aus genuin eigenem Antrieb heraus erreichen wollen. Bezüglich der *damit* in Verbindung stehenden Belastungen empfiehlt sich der Aufbau einer gewissen Härteeinstellung, die Personen auch unter widrigen Bedingungen und in schwierigen Situationen bei ihren Zielerreichungsbemühungen energetisiert und neu zu mobilisieren vermag.

Zur Reduktion von Stressreaktionen ist daher auch die kognitive Implementierung von Hardiness erfolgversprechend (s. Kap. 4.5.2). Entsprechende funktionale Denkmuster fungieren nachweislich als salutogenetische Stresspuffer (Kobasa 1979; Maddi 2005; Quick et al. 1997). Der Aufbau von Hardiness gelingt am ehesten im Coaching. In diesem intensiven, von Diskursen geprägten Rahmen können die Widersprüche resignativ-kapitulierender Überzeugungen aufgedeckt und allgemeine Härte-Überzeugungen der folgenden Art angeregt und aufgebaut werden: „Schwierige Situationen stimulieren mich eher – daran kann ich meine Kräfte erproben!", „Nur an Widerständen und Herausforderungen kann man wachsen und später stolz auf Geleistetes sein!", „Auch das werde ich durchstehen, da habe ich schon ganz andere Dinge gemeistert!", „Die Belastung ist da, sie stresst mich, aber Stress ist okay – ich kann ihn aushalten und mit Belastungen umgehen!". Im Rahmen eines Coachings bestehen auch die zeitlichen Möglichkeiten, ein differenziertes Ressourcen-ABC (vgl. Kap. 4.5.3) mit dem Coachee zur Unterstützung der Hardiness zu erarbeiten.

Je nach Ausgangslage sind zahlreiche weitere Ansätze zur Stressreduktion oder zur Burnout-Prophylaxe denkbar (vgl. z. B. Balevre 2001; Choudhury 2013; Ellis und Dryden 1997; Sauerland und Müller 2012, s. Kap. 4). Das Training von Selbstwirksamkeitsüberzeugungen fungiert zum Beispiel ebenfalls als Schutzfaktor (Kaluza 2011).

---

[1] An dieser Stelle ist zu erwähnen, dass widrige situative Bedingungen selbstverständlich auch ihren Beitrag zur Entstehung von Stress, Burnout, Leistungsminderung, Absentismus etc. leisten können, nicht nur die reine Interpretation von Situationen. Der Fokus dieses Buchs liegt jedoch nun einmal auf dem Beitrag, den dysfunktionale Kognitionen zur Entstehung dieser Phänomene leisten. Daraus darf jedoch nicht der Schluss gezogen werden, dass an widrigen situativen Bedingungen per se nichts verbessert werden müsse.

Angesichts der enormen Zuwächse an stressbedingten Krankheiten (z. B. Burnout von 2004 bis 2009 um 17%) (vgl. Badura et al. 2011; Hendrysiak 2009; Techniker Krankenkasse, 2009) und den enormen Kosten, die mit den resultierenden krankheitsbedingten Fehltagen verbunden sind, ist dringender Handlungsbedarf in dem beschriebenen Bereich indiziert. Dies ist auch Thema des nächsten Abschnitts.

5.3 Absentismus und Präsentismus

5.3.1 Fehlzeiten aufgrund irrationaler Überzeugungen

Fehlzeiten am Arbeitsplatz kommen durch Krankheiten zustande, wobei der Anteil psychischer Erkrankungen seit dem Jahr 2001 um mehr als 50% gestiegen ist, während sämtliche andere Krankheitsarten (z. B. bezogen auf Herz-Kreislauf-, Atemwegs-, Verdauungs- oder Muskel-Skelett-Erkrankungen) leicht rückläufig sind (Badura et al. 2011). Die Rolle, die dysfunktionalen Kognitionen bei der Entstehung von Burnout und anderen psychischen Erkrankungen zukommt, wurde im vorangegangenen Kapitel bereits dargelegt. Fehlzeiten resultieren aber auch aus Unlust – man macht blau (Nicholson und Johns 1985). Schätzungen zufolge geht die Hälfte aller Fehltage auf Unlustzustände zurück.

Die Kosten, die Organisationen durch Fehlzeiten entstehen, sind enorm (vgl. z. B. Sagie et al. 2002), eingedenk der Zusatzbelastungen, die für die anwesenden Kollegen und auch für die Führungskraft entstehen, die Aufgaben umschichten muss etc. Modellrechnungen von Krankenversicherern zeigen, dass ein Krankenstand von zehn Prozent (also z. B. durchschnittlich 20 Erkrankte von 200 Mitarbeitern pro Jahr) bei kalkulierten täglichen Kosten von durchschnittlich 400 € pro fehlendem Mitarbeiter bereits zu einem Verlust von 1,76 Mio. € pro Jahr für ein betroffenes Unternehmen führt.

Sowohl krankheitsbedingte wie auch motivationsgetriebene Fehlzeiten können durch dysfunktionale Kognitionen verursacht sein.

Beispiel aus der Praxis
„Andere wollen mich nur ausnutzen!"

Sind Personen beispielsweise der Überzeugung, dass andere Personen sie in der Regel ausnutzen wollen, dass alle Menschen immer gerecht behandelt werden müssen, dass sich Arbeit nicht auszahlt, dass sie einfach nicht mehr leisten können oder Ähnliches, dann liegen mit diesen Gedanken unter entsprechenden Umstän-

5.3 Absentismus und Präsentismus

den – zum Beispiel Ungleichbehandlung durch die Führungskraft – per se Gründe vor, der Arbeit fernzubleiben (vgl. z. B. Adams 1965; Liebig und Schupp 2008).

Dysfunktionale Kognitionen können in diesem Zusammenhang auch folgende Gestalt annehmen: „Mein Körper muss immer schmerzfrei sein!", „Man sollte sich schonen!", „Arbeit macht krank!", „Muskelschmerzen sind absolut dramatisch!" oder „Das Leben sollte möglichst anstrengungslos sein!". Solche Überzeugungen können dazu führen, dass geringe Beschwerden, normale oder gegebenenfalls sogar gesunde Beanspruchungsfolgen als Krankheit interpretiert werden und Personen aufgrund dessen der Arbeit fernbleiben (vgl. Ehde und Jensen 2010; Keefe et al. 2004; Pavlin et al. 2005; Silverglade et al. 1994; vgl. hierzu auch den Nozebo-Effekt, Benedetti et al. 2007; de la Cruz et al. 2010). Hohe Ausprägungen dysfunktionaler Kognitionen lassen sich aber auch direkt mit einer schlechten Immunabwehr und einer hohen Anfälligkeit für Krankheiten in Verbindung bringen (vgl. dazu Papageorgiou 2006). So konnte auch mein Forscherteam einen statistisch signifikanten Zusammenhang zwischen der Ausprägung dysfunktionaler Kognitionen und körperlichen Beschwerden bei Berufstätigen nachweisen ($r=0{,}55$, $p<0{,}05$; Steger und Sauerland 2014).

Die Annahme liegt nahe, dass auch das Verhalten von Führungskräften zu motivationsbedingten Abwesenheiten bei Mitarbeitern führen kann. Es gibt sogar regelrecht krankmachendes Führungsverhalten (vgl. Badura et al. 2011), das sich aus bestimmten Überzeugungen von Führungskräften in Bezug auf ihre Mitarbeiter (vgl. z. B. McGregor 1960) speist. Sind Führungskräfte beispielsweise überzeugt, dass Menschen von Natur aus faul sind und eigentlich nicht arbeiten wollen, dass sie verantwortungsscheu sind und daher zur Arbeit gezwungen werden müssen, dass sie somit auch strikt gelenkt werden müssen und das Arbeitsergebnis akribisch zu kontrollieren ist und dass gegebenenfalls auch mit Drohungen und Sanktionen operiert werden muss, so ist klar ersichtlich, dass die daraus resultierenden Verhaltensweisen langfristig demotivierende und krankmachende Effekte bei Mitarbeitern nach sich ziehen. Eine Führungskraft hingegen, die der Überzeugung ist, dass Menschen von Natur aus neugierig und leistungsbereit sind, dass sie sich selbst verwirklichen möchten, Eigeninitiative zeigen und Verantwortung übernehmen wollen und der Beruf damit auch eine Quelle der Zufriedenheit für sie sein kann, wird völlig anders mit ihren Mitarbeitern umgehen: Sie wird deren Stärken viel eher entdecken, Freiräume und Gelegenheiten zur Ausschöpfung und Kultivierung ihrer individuellen Ressourcen schaffen, ihr Know-how durch Mitsprachemöglichkeiten nutzen, ihre spielerische Kreativität und Innovationsfreude fördern und somit die Leistungsbereitschaft der Mitarbeiter nachhaltig steigern. Auf diese Weise kann unlustbedingter Absentismus deutlich reduziert werden.

Dysfunktionale Kognitionen begünstigen somit auf vielschichtige Weise krankheits- und unlustbedingten Absentismus. Dies gilt noch vielmehr für den sogenannten Präsentismus. Unter Präsentismus ist die Anwesenheit am Arbeitsplatz trotz Krankheit zu verstehen (Jahn 2013; Zok 2004). Diese prima facie löbliche Einsatzbereitschaft kann unter Umständen ungünstige Folgen für die betreffende Person und die Organisation als Ganze haben, beispielsweise dann, wenn Krankheiten infektiös sind und Kollegen angesteckt werden oder eine Krankheit nicht unmittelbar auskuriert wird und die anschließende Arbeitsunfähigkeit dadurch deutlich länger wird (s. Bergström et al. 2009). Dem Präsentismus liegt offenkundig irrationales Verhalten zugrunde, da langfristige Konsequenzen und Nebeneffekte ignoriert werden. Dem irrationalen Verhalten wiederum ist eine irrationale Entscheidung aufgrund irrationaler Überzeugungen vorausgegangen. Einschlägige dysfunktionale Überzeugungen lauten zum Beispiel: „Ich muss immer einsatzfähig sein!", „Alle sind enttäuscht von mir, wenn ich nicht erscheine!", „Krankheit ist ein Zeichen von Schwäche!", „Ich werde entlassen, wenn ich der Arbeit fernbleibe!", „Die Aufgabe muss heute erledigt werden!" (vgl. auch Caverley et al. 2007).

Sollen Fehltage nachhaltig reduziert werden, müssen dysfunktionale Kognitionen der beschriebenen Art diagnostiziert und mit geeigneten Mitteln reduziert werden.

5.3.2 Gesundes Führen zur Vermeidung von Absentismus und Präsentismus

Die in Kap. 5.3.1 beschriebenen kognitiven Ursachen von Absentismus (z. B. „Das Leben sollte möglichst anstrengungslos sein!") können am ehesten durch den Aufbau von Hardiness reduziert werden – wie dies geschehen kann, wurde bereits in Kap. 5.2.2 erläutert.

Zur Reduktion des Präsentismus empfiehlt sich die Etablierung einer Unternehmenskultur, die bei Mitarbeitern nicht den Eindruck erweckt, es würde von ihnen erwartet, dass sie auch im Krankheitsfall das ihnen noch Mögliche leisten müssten. Im Gegenteil: Auf organisationaler Ebene müsste klargestellt werden, dass Präsentismus nicht geduldet wird. Jede Führungskraft sollte angewiesen sein, Mitarbeiter, die krank zur Arbeit erscheinen, gegebenenfalls unmittelbar wieder heimzuschicken.

Des Weiteren können Führungskräfte im „Gesunden Führungsverhalten" geschult werden (vgl. z. B. Matysek 2010). Einschlägige Trainings zielen darauf ab, einfache Motivatoren im Unternehmen freizusetzen. Dazu gehört beispielsweise die Veränderung des Verhältnisses von Lob und Kritik, das zugunsten des oft nicht für nötig befundenen Lobs verschoben werden soll. Transparenz, Offenheit und das Bemühen um Fairness gehören überdies zu einem gesund erhaltenden Führungsstil, ebenso, wie die Gewährung von Handlungs- und Entscheidungsspielräumen zum individuellen Kompetenz- und Ressourcenaufbau. Mithilfe solcher Programme, die an basalen (dys-)funktionalen Überzeugungen von Führungskräften in Bezug auf ihre Mitarbeiter ansetzen, können unlustbedingte Fehlzeiten reduziert werden.

Fehltage und Leistungszurückhaltung können auch auf irrationale Überzeugungen zurückgehen, die durch Change-Projekte ausgelöst werden – dies wird nachfolgend erörtert.

5.4 Change-Prozesse

5.4.1 Widerstand gegen Veränderungen

Aufgrund zahlreicher Faktoren sind die Märkte einer zunehmenden Dynamik unterworfen. Solche Faktoren bringen eine hohe Volatilität an Veränderungen für Unternehmen mit sich, auf die sie adaptiv reagieren müssen.

Die Ursachen und Anlässe für Veränderungsprozesse in Unternehmen sind mannigfaltig. Sie ergeben sich aus 1) dem technischen Fortschritt, 2) der sinkenden Halbwertszeit des Wissens, 3) der fortschreitenden Globalisierung, 4) steigendem Konkurrenzdruck, 5) wachsenden Kundenansprüchen, 6) gesetzlichen Neuerungen, 7) der demografischen Entwicklung und auch 8) aus Weiterbildungs- und Selbstverwirklichungsansprüchen der Mitarbeiter (Sauerland und Kaltner 2014). Der permanente Change ist zur Notwendigkeit geworden, um den Herausforderungen unserer Zeit gerecht werden zu können.

Dabei können kontinuierliche oder auch abrupte Veränderungen vollzogen werden. Es können unternehmenszielbezogene, organisationsstrukturelle, aufgabenbezogen-prozessuale, rollenzuständigkeits-relevante oder auch ideell-kulturelle Veränderungen stattfinden (Sauerland und Kaltner 2014). Das Management solcher Veränderungen kann in Form von Organisations-, Team- oder auch Personalentwicklungsmaßnahmen vonstattengehen.

Das Management von Change-Projekten ist offenkundig eine Kunst, denn zahlreiche Autoren berichten übereinstimmend, dass eine beeindruckend hohe Anzahl von Change-Projekten scheitert beziehungsweise zumindest die anvisierten Ziele derselben verfehlt werden (Beer und Nohria 2000; Meaney und Pung 2008; Rosenstiel und Comelli 2003).

Die Ursachen für das Scheitern von Change-Projekten sind mannigfaltig. Dies ist angesichts der Komplexität solcher Projekte kaum verwunderlich: Selektive Zustandsanalysen oder tendenziös verzerrte Zukunftsprognosen sind beispielsweise nie vollständig auszuschließen. Die Tatsache jedoch, dass die Mehrzahl der Change-Projekte am Widerstand der Mitarbeiter scheitert, muss nun doch in Erstaunen versetzen (Fugate et al. 2008; Greenberg 2002; Griffin und Rafferty 2006; van Dam 2005). Die negativen Folgen einer solch skeptischen Verweigerungshaltung aufseiten der Mitarbeiter für die Produktivität sind offenkundig. Beispielsweise steigen Fehltage und der Alkoholkonsum am Arbeitsplatz signifikant an, wie Untersuchungen von Miller und Yeager (1993) zeigen.

Menschen sind eigentlich von Natur aus neugierige Wesen. Menschen sind von Natur aus offen für Neues. Menschen verändern sich ständig und zwar freiwillig: Sie ziehen um, entscheiden sich für die Gründung einer Familie oder erhöhen ihr Arbeitspensum für eine Beförderung. Die Spezies Homo sapiens – der *Homo flexibilis* – bringt diese Fähigkeit und Motivation zum Wandel von Natur aus mit sich, sie sind ihm quasi angeboren. Jahrmillionen der Evolution statteten den Menschen mit einer ungeheuren Anpassungsbereitschaft und -fähigkeit aus (Barkow et al. 1995). Vorfahren, die mit wechselnden Bedingungen nicht umgehen konnten oder diese in kritischen Situationen nicht aktiv herbeiführen wollten, sind ausgestorben. Alle heute lebenden Menschen sind somit Nachkommen von durchaus flexiblen Vorfahren. Langweile, Monotonie, Passivität und Rigidität scheuen daher auch moderne Menschen als aversive Zustände ebenso wie den Rückzug, die Stagnation und die Lethargie.

Was also muss alles fehlgeschlagen sein, damit Mitarbeiter mit Widerstand auf organisationale Veränderungsvorhaben reagieren? Wo liegen die Ursachen für diese anthropogene *Resistance to Change* (Landy und Conte 2013; Oreg 2005)? Warum gibt es zweifelnde Skeptiker, aktiv boykottierende Gegner und passiv lähmende Bremser?

Wenn die Vorteile eines neuen Systems und die Nachteile des alten Systems insgesamt nicht größer sind als die Vorteile des alten Systems und die Nachteile des neuen Systems (Vorteile$_{neu}$+Nachteile$_{alt}$>Vorteile$_{alt}$+Nachteile$_{neu}$), scheint eine Veränderung schon aus rationalen, logischen Gründen unsinnig. Auch unter historisch-evolutionären Bedingungen hätte man sich auf solcherart beschaffene Veränderungsideen nicht eingelassen. Diese Ungleichung muss somit bei jedem Change-Vorhaben erfüllt sein, ansonsten ist mit Widerstand zu rechnen. An dieser Stelle ist anzumerken, dass Widerstände auch für Organisationen als Ganze nützlich sein können, nämlich genau dann, wenn sie blinden Aktionismus und Ähnliches verhindern können oder zur Auseinandersetzung mit unterschiedlichen Perspektiven auf ein Problem zwingen und somit in gewisser Weise zur Erfüllung der erwähnten Ungleichung beitragen (Piderit 2000).

Die inhaltlich-subjektive Interpretation der obigen Formel kann nämlich recht unterschiedlich sein: Es mag sein, dass ein Top-Manager ein neues System als vorteilhaft ansieht, weil es schneller und effizienter produziert als das störanfällige und kostspielige alte System. Ein operativer Mitarbeiter sieht dies möglicherweise ebenso, er bewertet denselben Sachverhalt jedoch anders: Das alte System mag schwierig zu bedienen gewesen sein und das neue wird leichter zu handhaben sein, ja, aber dadurch wird der Mitarbeiter auch ersetzbar, arbeitet eventuell sozial isolierter als zuvor und seine langjährig erworbenen Erfahrungen und Kompetenzen im Umgang mit dem widerspenstigen alten System werden nicht mehr gebraucht. Solche individuellen Erwägungen müssen somit ins Kalkül gezogen werden, soll ein Change-Projekt auf Akzeptanz stoßen.

5.4.2 Die geistige Offenheit für Veränderungen

In der Change-Literatur finden sich unzählige Empfehlungen für Verfahrensweisen, mit deren Hilfe die Akzeptanz von Veränderungsmaßnahmen bei Mitarbeitern und Führungskräften erhöht werden kann (Barghorn 2010; Doppler und Lauterburg 2008; Lauer 2010; Sauerland et al. 2007). Dazu zählen 1) die Herstellung weitestgehender Transparenz über die wahren Hintergründe der Veränderung, 2) die frühzeitige und permanente Kommunikation mit allen Betroffenen, 3) die Ermöglichung von Mitsprache und Partizipation bei Entscheidungen und ihrer Umsetzung, 4) die Gewährleistung sozialer Unterstützung bei der Umsetzung, 5) die Förderung von Selbstwirksamkeitserleben durch systematischen Kompetenzaufbau, 6) die Etablierung einer positiven Fehlerkultur, 7) die Schaffung eines zielbezogenen Incentive-Systems und auch 8) ein eher dosiertes Vorgehen.

Es existieren auch umfängliche Empfehlungskataloge zur Diagnose und zum Abbau der Resistance to Change im Speziellen. In deren Rahmen wird auf recht ähnliche Weise die Frage beantwortet, wie die Resistance to Change (auch oft als Persönlichkeitsmerkmal verstanden, vgl. Oreg 2005) in die *Openness to Change* oder die *Readiness to Change* (vgl. Barghorn 2010) transformiert werden kann.

Der Erfolg solcher Maßnahmen hängt davon ab, dass nicht nur einseitig darauf hingewirkt wird, die Einsicht bei Mitarbeitern für die sachlich-faktischen Vorteile der Veränderung zu fördern. Neben allem rationalen Kalkül von Vorteilen und Nachteilen und deren Eintretenswahrscheinlichkeiten und neben aller evolutionär bedingten Flexibilität und Veränderungsbereitschaft haben Menschen eben zugleich auch ein Bedürfnis nach Kontrolle; d. h., sie wollen Ereignisse erklären, vorhersagen und beeinflussen können (Frey und Jonas 2002). In zukunftsbezogenen Veränderungsprozessen kann es diese Kontrolle jedoch nur bedingt geben, d. h., das Bedürfnis kann nicht vollständig erfüllt werden. Und daraus wiederum resultieren Ängste, teils völlig irrationale Ängste, die Mitarbeiter zu Bewahrern des Alten, zu Sicherheitsbedürftigen, zu Bremsern und Blockierern werden lassen – teils gegen ihre eigenen Interessen, gegen ihren eigenen Nutzen. Sie verhalten sich unter diesen Umständen zum Beispiel pauschal konservativ, um den Fehler unbedingt zu minimieren, ihren zukünftigen Zustand zu verschlechtern: „Die Veränderung könnte alles schlechter machen! Es kann zwar sein, dass sich die Dinge verbessern, aber das ist nicht gewiss. Was aber gewiss ist, ist die Tatsache, dass der jetzige Zustand akzeptabel ist." Welche Faktoren von Mitarbeitern und Führungskräften also genau als Vor- beziehungsweise Nachteile einer Veränderung subjektiv wahrgenommen werden, mag von außen durchaus irrational erscheinen und per definitionem dysfunktional sein.

Beispiel aus der Praxis
„Es könnte doch alles so bleiben, wie es ist!"

Im Rahmen von Change-Projekten treten in diesem Zusammenhang folgende Phänomene häufig auf (Cunningham et al. 2002; Herold et al. 2007; Martin et al. 2006; Miller und Yeager 1993; van Dam 2005; Wanberg und Banas 2000):

- Angst vor dem Unbekannten
- Befürchtungen, ersetzbar zu werden, den Job zu verlieren
- Bedauern, erworbene Kompetenzen nicht mehr geltend machen zu können
- Bedenken, mit neuen Kollegen nicht klarzukommen
- fehlende motivationale Anreize
- Misstrauen hinsichtlich des Managements

Solche Ängste und Befürchtungen können in konkreten Fällen durchaus berechtigt sein, zumeist jedoch basieren sie auf dysfunktionalen Denkmustern (Sauerland und Kaltner 2014; Sauerland und Müller 2012; Sauerland und Reich 2014; Sauerland et al. 2015): Personen sind beispielsweise der Überzeugung, eine Arbeitsaufgabe müsse auf eine bestimmte Weise ausgeführt werden (so und nicht anders). Sie gehen davon aus, von neuen Kollegen oder Vorgesetzten nicht gemocht zu werden. Sie imaginieren Katastrophenszenarien für einen eventuellen Machtverlust oder sie generalisieren Einzelerfahrungen von persönlich gescheiterten Veränderungen auf die gesamte Organisation.

Solche Gedanken lassen sich klassifizieren. Es handelt sich um.

- Ungeprüfte Projektionen *(„Mit den neuen Kollegen werde ich nicht klarkommen!")*
- Selektive Wahrnehmung *(„Die Umstrukturierung hat massive Nachteile!")*
- Dichotomes Denken *(„Die Aufgabe kann nur auf die bisherige Art effizient durchgeführt werden!")*

5.4 Change-Prozesse

- Übertreibungen *("Unsere Abteilung hat dann gar keinen Einfluss mehr!")*
- Katastrophisierungen *("Es wäre unerträglich, wenn ich an einen anderen Ort versetzt werden würde!")*
- Übergeneralisierungen *("Nachher ist es, wie üblich, auch nicht besser als vorher!")*
- Kontrafaktisches Denken *("Es könnte doch alles so bleiben, wie es ist!")*
- Mind-Reading *("Dem neuen Chef genügen meine bisherigen Leistungen sicher nicht!")*

Basieren Widerstände bei Mitarbeitern und Führungskräften tatsächlich auf solchen dysfunktionalen Kognitionen, muss dies für Veränderungsmanager keine negative Botschaft sein. Denn solche dysfunktionalen Kognitionen können reduziert werden – sie enthalten per definitionem irrationale Elemente; d. h., sie sind empirisch widerlegbar oder können als logisch widersprüchlich entlarvt werden. Dies gelingt zum Beispiel mithilfe des Verhaltensexperiments, welches in Kap. 4.4.6 dargestellt wurde. Zahlreiche weitere Verfahren existieren, mit denen solche Gedankenmuster im Rahmen von Trainings und Coachings abgebaut werden können (vgl. hierzu Sauerland und Reich 2014; vgl. auch Armenakis et al. 1999). Diese Techniken zielen unter anderem auf die Wiederherstellung des Kontrollerlebens beziehungsweise auf die Steigerung der Fähigkeit ab, auch unter nur bedingt kontrollierbaren Bedingungen effektiv agieren zu können. Eine interessante Intervention in diesem Zusammenhang stellt daher auch die Reverse-Storytelling-Methode dar, die in Kap. 4.3.1 als Instrument zur Generierung von idealen zielführenden Gedanken vorgestellt wurde. Da Change-Projekte zukunftsgerichtet sind und in der Regel ein großer Spielraum für konkrete Ausgestaltungsvarianten des Veränderungsvorhabens vorhanden ist, empfiehlt sich der Einsatz der Reverse-Storytelling-Methode, da dieses Verfahren Mitarbeitern und Führungskräften den Blick öffnet für Möglichkeiten der aktiven Mitgestaltung einerseits und für die Identifikation von attraktiven persönlichen Zielen im Rahmen des Gesamtprojekts andererseits. Personen sollen sich zu diesem Zweck vorstellen, dass sich das Change-Projekt in einigen Jahren zu ihren Gunsten entwickelt hat. Daraufhin sollen sie möglichst konkret angeben, welchen Beitrag sie zu dieser positiven Entwicklung geleistet haben und welche Einstellung dem Change-Projekt gegenüber dafür notwendig war.

Aufgrund der Vielfalt potenziell beteiligter, dysfunktionaler Denkmuster liegt in bestimmten Phasen des Change-Projekts darüber hinaus das bereits beschriebene ABCDE-Vorgehen nahe. Ein Beispiel: Im Rahmen eines Trainings können zunächst Widerstand erzeugende Situationen von den Teilnehmern ermittelt und gesammelt werden (z. B. ein neuartiger, schwieriger und umfangreicher Arbeitsauftrag im Rahmen des Change-Projekts steht an). Anschließend werden die daraus resultierenden negativen Reaktionen festgehalten (z. B. ein Gefühl der Überforderung und eine daraus resultierende Handlungsblockade, einhergehend mit einer Abwehrhaltung dem gesamten Projekt gegenüber). Es folgt die Identifizierung der zwischen Situation und Reaktion tretenden dysfunktionalen Gedanken (z. B. „Warum kann nicht alles so bleiben, wie es war? Die neuen Aufgaben kann ich nicht allein bewältigen! Um Hilfe bitten geht auch nicht – das ist ein Zeichen von Schwäche und ich will niemanden damit belästigen, die Kollegen haben ja nun auch selbst genug neue Aufgaben um die Ohren!"). Diese Kognitionen werden durch den Einsatz mehrerer Methoden hinterfragt, beispielsweise durch die bereits beschriebene Anklage- und Verteidigungsrede oder mithilfe der erwähnten Reality-Checks, mit denen systematisch nach Belegen, Gegenbelegen und logischen Widersprüchen bezüglich der dysfunktionalen Gedanken gesucht werden soll. So lässt sich die Person in der Anklagerede beispielsweise davon überzeugen, dass es dem Chef auf die Erreichung des Auftragsziels ankommt und dieses effizienter erreicht werden kann, wenn personelle Synergien genutzt werden. Des Weiteren erinnert sie sich bei der Suche nach Gegenbelegen daran, dass sich Kollegen in der Regel eher gefreut haben, wenn sie ihre Hilfe anbieten konnten! Sie erkennt im Rahmen der Analyse von logischen Widersprüchen überdies, dass es eher eine Stärke ist, jemanden um Hilfe bitten zu können. Anschließend werden die dysfunktionalen Gedanken durch funktionale Gedanken substituiert und in Rollenspielen oder in Nachstellungen der anfangs dokumentierten Situationen eingeübt. Die Person trainiert so zum Beispiel im Rollenspiel, andere Personen um Hilfe zu bitten. Beim nächsten anstehenden komplexen Arbeitsauftrag weiß die Person, dass sie – wenn sie selbst an ihre Grenzen stößt – Kollegen um Hilfe bitten kann, und ist daher von nun an imstande, neuartige Arbeitsaufträge als stimulierende Herausforderung zu begreifen. Das Ergebnis des Trainings ist die Festigung der Überzeugung, die neuartigen Aufgaben im Rahmen des Change-Projekts durchaus unter Kontrolle bringen zu können.

Change-Prozesse sind zur Notwendigkeit geworden. Um sie zum Erfolg zu führen, ist ein raffiniertes Change-Management erforderlich, das nur effektiv sein kann, wenn die Reduktion dysfunktionaler Denkmuster dabei nicht unberücksichtigt bleibt.

5.5 Weitere Bereiche

In vielen Bereichen der Wirtschaftspsychologie ist der Einfluss dysfunktionaler Kognitionen noch nicht annähernd erforscht, obschon negative Wirkungen von enormer Tragweite zu vermuten sind. Neben den oben erwähnten Bereichen – um nur einige weitere Beispiele im Kanon der potenziellen Anwendungsfelder und Implikationen des skizzierten Forschungsfeldes auszuführen – ist hier zu denken an:

1. Die Schwierigkeit der Etablierung effektiver Teamarbeit, wenn diese mit Einzelkämpferüberzeugungen, Selbstverwirklichungsansprüchen, Konkurrenz- und Wettbewerbsidealen oder unhinterfragten Unabhängigkeits- und Individualismusdogmen kollidiert.
2. Die demografische Entwicklung, die von Organisationen Maßnahmen gegen dysfunktionale Kognitionen im Zusammenhang mit Altersmythen wie „Ich habe genug gemacht!", „Ich kann nicht mehr mithalten!", „Das sollen die jungen Mitarbeiter machen!" oder „Das ist in meinem Alter nicht mehr zumutbar!" erfordert.
3. Organisationsrelevante Entscheidungen von Spitzenmanagern, die immer auch auf deren individuell-heuristisch verzerrten Überzeugungen beruhen. Irrationales Denken in Bezug auf die eigene Person führt letztlich zu irrationalen Entscheidungen, die auch für Organisationen als Ganze schwerwiegende Konsequenzen haben können. In der Tat konnte mein Forscherteam nachweisen, dass eine hohe Ausprägung dysfunktionaler Kognitionen statistisch signifikant mit einem vermeidenden Entscheidungsstil, mit geringen Entscheidungskompetenzen und einer hohen Anfälligkeit für Entscheidungsfehler einhergeht (Gaukel 2015).

Beispiel aus der Praxis

„Solche Aufgaben kann man in meinem Alter nicht mehr bewältigen!"

Da sich dysfunktionale Kognitionen in zahlreichen Bereichen eines Unternehmens auswirken können, ist zum Nutzen aller Organisationsmitglieder eine ständige Sensibilität gegenüber solchen Denkmustern erforderlich.

Tabelle 5.4 enthält eine zusammenfassende Darstellung verschiedener Bereiche, in denen dysfunktionale Kognitionen einen negativen Einfluss ausüben.

In der Tabelle sind in der rechten Spalte jeweils beispielhaft einige funktionale Alternativgedanken zu den dysfunktionalen Kognitionen aufgelistet. Diese spiegeln offenkundig einen deutlich höheren Motivierungsgrad wider und führen auf effizientere oder nachhaltigere Weise zum Ziel.

Tab. 5.4 Bereiche, in denen sich dysfunktionale Kognitionen auswirken

Bereich & Zielsetzung	Beispiele einschlägiger dysfunktionaler Kognitionen	Zugrunde liegende dysfunktionale Denkmuster	Konsequenz des dysfunktionalen Denkens	Beispiele einschlägiger funktionaler Kognitionen nach erfolgreicher Intervention
Leistungssteigerung durch Freisetzung von blockierten Potenzialen	„Hätte ich doch einen anderen Job gewählt!", „Ich kann kein Mathe!", „Die anderen sind besser als ich!", „Wenn dabei etwas schiefgeht, wäre das katastrophal – ich darf mir keinen Fehler erlauben!", „Das ist der einzig richtige Weg, dazu gibt es keine Alternative!"	Kontrafaktisches Denken, Übergeneralisierungen, Mind-Reading, Katastrophisierungen, perfektionistisches Denken, Dichotomisierungen, Du-Musst-/Du-Sollst- Imperative, ungeprüfte Projektionen, Reduktionismus, Ruminieren, Minimierung	Dienst nach Vorschrift, Handlungsblockaden, Motivationsdefizite	*Intervention*: ABCDE-Vorgehen „Auch das werde ich schaffen, da habe ich schon ganz andere Herausforderungen gemeistert!", „Ich verfüge über einzigartige Fähigkeiten!", „Es gibt einen zu mir passenden Weg zum Ziel!"
Stress- und Burnout-Prophylaxe durch Stärkung der Hardiness	„Ich muss immer die Kontrolle bewahren!", „Ich muss das allein schaffen!", „Ich muss das perfekt machen, darf mir keinen Fehler erlauben!", „Andere mögen mich nur, wenn ich immer Leistung bringe!"	Perfektionistisches Denken, Du-Musst-/Du-Sollst- Imperative, Reduktionismus, Katastrophisierungen, Mind-Reading, Übertreibungen, Dichotomisierungen, selektive Wahrnehmung, ungeprüfte Projektionen, Ruminieren, Minimierung	Leistungseinbußen (*Yerkes-Dodson-Phänomen*), Langzeiterkrankungen bei Einzelnen (*Burnout*, psychosomatische Beschwerden)	*Intervention*: Coaching zum Aufbau der Hardiness/ Ressourcen-ABC „Auch das werde ich schaffen, da habe ich schon ganz andere Dinge erreicht!", „Andere freuen sich oft sogar, wenn man sie um Hilfe bittet!", „Schwierige Situationen stimulieren mich – daran kann ich meine Willenskraft ausprobieren!", „Nur an Widerständen kann man wachsen!"

5.5 Weitere Bereiche

Tab. 5.4 (Fortsetzung)

Bereich & Zielsetzung	Beispiele einschlägiger dysfunktionaler Kognitionen	Zugrunde liegende dysfunktionale Denkmuster	Konsequenz des dysfunktionalen Denkens	Beispiele einschlägiger funktionaler Kognitionen nach erfolgreicher Intervention
Fehlzeitenreduktion durch den Abbau von motivationsbedingtem **Absentismus**	„Arbeit macht krank!", „Von anderen wird man nur ausgenutzt!", „Das Leben sollte möglichst anstrengungslos sein!"	Katastrophisierungen, Reduktionismus, kontrafaktisches Denken, selektive Wahrnehmung, ungeprüfte Projektionen, Du-Musst-/Du-Sollst-Imperative, Mind-Reading	Hoher Krankenstand, Häufiges, regelmäßiges, kurzfristiges Blaumachen, Leistungszurückhaltung bei Anwesenheit *(Dienst nach Vorschrift)*	*Intervention*: Training zum „gesunden Führen" „Arbeit tut mir gut, sie bringt mich auch persönlich voran!", „Ich kann das Leben/die Situation nach meinen Vorstellungen selbst gestalten!", „Engagement zahlt sich aus!"
Fehlzeitenreduktion durch den Abbau von **Präsentismus**	„Krankheit ist ein Zeichen von Schwäche!", „Ich muss immer einsatzfähig sein!", „Alle sind enttäuscht von mir, wenn ich nicht erscheine!", „Die Aufgabe muss heute noch erledigt werden!", „Ich werde entlassen, wenn ich nicht erscheine!"	Übertreibungen, perfektionistisches Denken, Du-Musst-/Du-Sollst- Imperative, Mind-Reading, Katastrophisierungen, Dichotomisierungen, selektive Wahrnehmung, ungeprüfte Projektionen, Reduktionismus, Ruminieren	Punktuell hoher Krankenstand *(Ansteckung)*, Langzeiterkrankungen bei Einzelnen *(Chronifizierung)*	*Intervention*: Etablierung einer präsentismus-sensiblen Unternehmenskultur „Lieber kurz eine Auszeit nehmen, als sich lange mit halber Kraft quälen!", „Geduld in diesen Dingen führt sicher zum Gelingen!"
Erfolgreiches **Change-Management** durch Abbau von Widerstand	„Die Aufgabe kann nur auf eine bestimmte Weise erledigt werden!", „Ich werde an Macht/meinen Job verlieren!", „Mit dem neuen Chef werde ich nicht klarkommen!", „Ich werde nicht mehr gebraucht!"	Dichotomisierungen, Katastrophisierungen, Mind-Reading, Übertreibungen, selektive Wahrnehmung, kontrafaktisches Denken, Übergeneralisieren, ungeprüfte Projektionen, Reduktionismus, Ruminieren	Aktive und passive Resistance, Gerüchte, Streit, Absentismus, Alkoholismus	*Intervention*: Trainings, Coachings und Organisationsentwicklung zur Förderung der Openness to Change „Jede Veränderung birgt Chancen!", „Wenn ich die Veränderung aktiv mitgestalte, kann ich auch etwas für mich dabei herausholen!"

Tab. 5.4 (Fortsetzung)

Bereich & Zielsetzung	Beispiele einschlägiger dysfunktionaler Kognitionen	Zugrunde liegende dysfunktionale Denkmuster	Konsequenz des dysfunktionalen Denkens	Beispiele einschlägiger funktionaler Kognitionen nach erfolgreicher Intervention
Etablierung effektiver **Teamarbeit** durch Relativierung der Einzelkämpfersozialisation	„Ich muss das allein schaffen!", „Auf andere kann man sich eh nicht verlassen!", „Andere sind Konkurrenten!", „Ich will von niemandem abhängig sein!"	Du-Musst-/Du-Sollst-Imperative, Reduktionismus, Dichotomisierungen, Übertreibungen, perfektionistisches Denken, kontrafaktisches Denken, ungeprüfte Projektionen, Mind-Reading	Wechselseitige Blockade durch Konkurrenzdenken, Hidden Profiles *(Wissen wird nicht geteilt)*, Komplexe Probleme werden nicht gelöst	*Intervention*: Organisationale Resilienz durch Networking/Teamentwicklung „Von anderen kann man profitieren!", „Gemeinsam kann man auch als Einzelner noch stärker sein.", „Gemeinsam kann man mit mehr Spaß mehr erreichen!"
Abbau von leistungsmindernden **Altersmythen**	„Ich habe genug gemacht!", „Das sollen die Jungen machen!", „Da kann ich ohnehin nicht mehr mithalten!", „So etwas muss in meinem Alter wirklich nicht mehr sein!"	Übertreibungen, selektive Wahrnehmung, ungeprüfte Projektionen, Übergeneralisierungen, Reduktionismus, Minimierung	Hoher Krankenstand bei älteren Mitarbeitern, Leistungszurückhaltung	*Intervention*: Demografie-Management (z. B. Tandemsysteme) „Erfahrung, Weisheit, Pragmatismus, Problemlösefähigkeit und vieles mehr habe ich den jungen Kollegen voraus!", „Ich werde gebraucht!", „Ich kann bestimmte Dinge immer noch erstaunlich gut – die baue ich aus!"

Tab. 5.4 (Fortsetzung)

Bereich & Zielsetzung	Beispiele einschlägiger dysfunktionaler Kognitionen	Zugrunde liegende dysfunktionale Denkmuster	Konsequenz des dysfunktionalen Denkens	Beispiele einschlägiger funktionaler Kognitionen nach erfolgreicher Intervention
Verbesserung der **Entscheidungs**findung im Management	„Da muss jetzt etwas Durchgreifendes passieren!", „Es darf nichts schiefgehen!", „Dazu kenne ich ein Beispiel – daran müssen wir uns orientieren!"	heuristisches Denken, perfektionistisches Denken, Übergeneralisierungen, Dichotomisierungen, selektive Wahrnehmung, ungeprüfte Projektionen, Reduktionismus, Ruminieren	Misserfolg durch blinden Aktionismus, Überplanen, Einkapselung, Vagabundieren u. ä., Misserfolg durch Nicht-Abbildung exponentieller Verläufe, struktureller Brüche, Wirktotzeiten etc., Nichtbeachtung der Basisrate, Fehlentscheidungen aufgrund der Übergewichtung von Einzelfällen etc.	*Intervention*: Training zur kompetenten statistischen Dateninterpretation/Training zur Entscheidungskompetenz „Ich prüfe, ob sich die Vermutung mit statistischen Daten objektivieren lässt!" „Orientieren wir uns möglichst an den Fakten!" „Ich weiß, unter welchen Bedingungen ich rational oder eben intuitiv entscheiden sollte!"

Literatur

Adams, J. S. (1965). Inequity in social exchange. In L. Berkowitz (Hrsg.), *Advances in experimental social psychology* (S. 267–299). New York: Academic Press.

Armenakis, A. A., Harris, S. G., & Field, H. S. (1999). Making change permanent: A model for institutionalizing change. In W. Pasmore & R. Woodman (Hrsg.), *Research in organization change and development* (S. 97–128). Greenwich: JAI Press Inc.

Badura, B., Ducki, H., Schröder, H., Klose, J., & Macco, K. (2011). *AOK-Fehlzeitenreport. Wissenschaftliches Institut der AOK. Zahlen, Daten, Analysen aus allen Bereichen der Wirtschaft. Führung und Gesundheit.* Berlin: Springer.

Balevre, P. (2001). Professional nursing burnout and irrational thinking. *Journal for Nurses in Staff Development, 17*, 264–271.

Bandura, A. (1980). Gauging the relationship between self-efficacy judgment and action. *Cognitive Therapy and Research, 4*, 263–268.

Bandura, A. (1982). Self-efficacy mechanism in human agency. *American Psychologist, 37*, 122–147.

Barghorn, K. (2010). *Einstellungen und Verhalten von Mitarbeitern in betrieblichen Veränderungsprozessen.* Dissertation an der Universität Osnabrück.

Barkow, J. H., Cosmides, L., & Tooby, J. (1995). *The adapted mind. Evolutionary psychology and the generation of culture.* Oxford: Oxford University Press.

Bates, G. W., Thompson, J. C., & Flanagan, C. (1999). The effectiveness of individual versus group induction of depressed mood. *Journal of Psychology, 133*(3), 245–252.

Bäumler, G. (1985). *Farb-Wort-Interferenztest (FWIT) nach J. R. Stroop.* Göttingen: Hogrefe.

Beer, M., & Nohria, N. (2000). Cracking the code of change. *Harvard Business Review, 78*(3), 133–141.

Benedetti, F., Lanotte, M., Lopiano, L., & Collaca, L. (2007). When words are painful. Unravelling the mechanisms of the nocebo effect. *Neuroscience, 147*(2), 260–271.

Bergström, G., Bodin, L., Hagberg, J., Aronson, G., & Josephson, M. (2009). Sickness presenteeism today, sickness absenteeism tomorrow? A prospective study on sickness presenteeism and future sickness absenteeism. *Journal of Occupational Environmental Medicine, 51*(6), 629–638.

Beswick, G., Rothblum, E. D., & Mann, L. (1988). Psychological antecedents of student procrastination. *Australian Psychologist, 23*(2), 207–217.

Campbell, J. P., McCloy, R. A., Oppler, S. H., & Sager, C. E. (1993). A theory of performance. In N. Schmitt & W. Borman (Hrsg.), *Employee selection*. New York: Jossey-Bass.

Campbell, J. P., Gasser, M. B., & Oswald, F. L. (1996). The substantive nature of job performance variability. In K. R. Murphy (Hrsg.), *Individual differences and behavior in organizations* (S. 258–299). San Francisco: Jossey-Bass.

Caverley, N., Cunningham, J. B., & MacGregor, J. N. (2007). Sickness presenteeism, sickness absenteeism, and health following restructuring in a public service organization. *Journal of Management Studies (Special Edition – Managerial Dimensions of Organizational Health), 44*(2), 304–319.

Choudhury, K. (2013). *Managing workplace stress. The cognitive behavioral way.* New Delhi: Springer India.

Conrad, M. A., & Matthews, R. A. (2008). Modeling the stress process: Personality eclipses dysfunctional cognitions and workload in predicting stress. *Personality and Individual Differences, 44*(1), 171–181.

de la Cruz, M., Hui, D., Parsons, H. A., & Bruera, E. (2010). Placebo and nocebo effects in randomized double-blind clinical trials of agents for the therapy for fatigue in patients with advanced cancer. *Cancer, 116,* 766–774.

Cunningham, C. E., Woodward, C. A., Shannon, H. S., McIntosh, J., Lendrum, B., & Rosenbloom, D., et al. (2002). Readiness for organizational change: A longitudinal study of workplace, psychological and behavioral correlates. *Journal of Occupational Organizational Psychology, 75*(4), 377–439.

van Dam, K. (2005). Employee attitudes toward job changes. An application and extension of Rusbult and Farrell's investment model. *Journal of Occupational and Organizational Psychology, 78,* 253–272.

Doerr, K. H., Freed, T., Mitchell, T. R., Schriesheim, C. A., & Zhou, X. (2004). Within and between worker variability on flow lines. *Journal of Applied Psychology, 89*(5), 911–921.

Doppler, K., & Lauterburg, C. (2008). *Change Management. Den Unternehmenswandel gestalten.* Frankfurt a. M.: Campus.

Dörner, D. (1989). *Die Logik des Misslingens. Strategisches Denken in komplexen Situationen.* Reinbek: Rowohlt.

Ehde, D. M., & Jensen, M. P. (2010). Coping and catastrophic thinking. The experience and treatment of chronic pain. In D. David, S. J. Lynn, & A. Ellis (Hrsg.), *Rational and irrational beliefs* (S. 265–291). Oxford: Oxford University Press.

Ellis, A., & Dryden, W. (1997). *The practice of rational emotive behaviour therapy.* New York: Springer.

Eriksen, H. R., Murison, R., Pensgaard, A. M., & Ursin, H. (2005). Cognitive activation theory of stress (CATS): From fish brains to the Olympics. *Psychoneuroendocrinology, 30*(10), 933–938.

Freeman, A., & Oster, C. (1999). Cognitive behavior therapy. In M. Herson & A. S. Bellack (Hrsg.), *Handbook of interventions for adult disorders* (S. 108–138). New York: Wiley.

Frey, D., & Jonas, E. (2002). Die Theorie der kognizierten Kontrolle. In D. Frey & M. Irle (Hrsg.), Theorien der Sozialpsychologie. Band III – *Motivations-, Selbst- und Informationsverarbeitungstheorien* (S. 13–51). Bern: Huber.

Frost, R. O., Marten, P., Lahart, C., & Rosenblate, R. (1990). The dimensions of perfectionism. *Cognitive Therapy and Research, 14*(5), 449–468.

Fugate, M., Kinicki, A. J., & Prussia, G. P. (2008). Employee coping with organizational change: An examination of alternative theoretical perspectives and models. *Personnel Psychology, 61,* 1–36.

Gallup. (2010, 2013). http://www.gallup.com/strategicconsulting/158162/gallup-engagement-index.aspx. Zugegriffen: 22. Okt. 2014.

Gist, M. E., & Mitchell, T. R. (1992). Self-efficacy: A theoretical analysis of its determinants and malleability. *Academy of Management Review, 17,* 183–211.

Greenberg, J. (2002). *Managing behavior in organizations.* Upper Saddle River: Prentice Hall.

Griffin, M., & Rafferty, A. (2006). Perceptions of organizational change: A stress and coping perspective. *Journal of Applied Psychology, 91*(5), 1154–1162.

Hautzinger, M., Joormann, J., & Keller, F. (2005). *DAS. Skala dysfunktionaler Einstellungen*. Göttingen: Hogrefe.
Hendrysiak, K. (2009). Pressemitteilung der Pressestelle BKK Landesverband NRW.
Herold, D. M., Fedor, D. B., & Caldwell, S. D. (2007). Beyond change management: A multilevel investigation of contextual and personal influences on employees' commitment to change. *Journal of Applied Psychology, 92*(4), 942–951.
Hollon, S. D., & Beck, A. T. (1994). Cognitive and cognitive-behavioral therapies. In M. J. Lambert (Hrsg.), *Bergin and Garfield's handbook of psychotherapy and behavior change* (S. 447–492). New York: Wiley.
Hoyer, S. (2006). *Die Ordnung der Welt. Wie sich Menschen eine komplexe Welt einfach erklären und in ihr handeln*. Dissertation, Otto-Friedrich-Universität Bamberg.
Jahn, F. (2013). *Absentismus und Präsentismus – zwei Seiten einer Medaille*. Bericht des Instituts für Arbeit und Gesundheit der Deutschen Gesetzlichen Unfallversicherung.
Jussim, L. (1986). Self-fulfilling prophecies: A theoretical and integrative review. *Psychological Review, 93*, 429–445.
Just, N., & Alloy, L. B. (1997). The response styles theory of depression. Test and an extension of the theory. *Journal of Abnormal Psychology, 106*(2), 221–229.
Kaluza, G. (2011). *Stressbewältigung. Trainingsmanual zur psychologischen Gesundheitsförderung*. Berlin: Springer.
Keefe, F. J., Rumble, M. E., Scipio, C. D., Giordano, L. A., & Perri, L. M. (2004). Psychological aspects of persistent pain: Current state of science. *Journal of Pain, 5*, 195–211.
Keogh, E., Bond, F. W., & Flaxman, P. E. (2005). Improving academic performance and mental health through a stress management intervention: Outcomes and mediators of change. *Behaviour Research and Therapy, 44*, 339–357.
Kobasa, S. C. (1979). Stressful life events, personality, and health. Inquiry into hardiness. *Journal of Personality and Social Psychology, 37*(1), 1–11.
Kushnir, T., & Malkinson, R. (1993). A rational-emotive group intervention for preventing and coping with stress among safety officers. *Journal of Rational-Emotive and Cognitive-Behavior Therapy, 11*(4), 195–206.
Landy, F. J., & Conte, J. M. (2013). *Work in the 21st century: An introduction to industrial and organizational psychology*. Hoboken: Wiley.
Lauer, T. (2010). *Change Management. Grundlagen und Erfolgsfaktoren*. Berlin: Springer.
Lazarus, R. S. (1991). *Emotion and adaptation*. New York: Oxford University Press.
Lazarus, R. S., & Folkman, S. (1984). *Stress, appraisal, and coping*. New York: Springer.
Liebig, S., & Schupp, J. (2008). *Entlohnungsungerechtigkeit in Deutschland?* Wochenbericht des DIW Berlin, Nr. 47/2004.
Maddi, S. R. (2005). Hardiness as the key to resilience under stress. *Psychology Review, 11*, 20–23.
Martin, A. J., Jones, E. S., & Callan, V. J. (2006). Status differences in employee adjustment during organizational change. *Journal of Managerial Psychology, 21*(2), 145–162.
Maslach, C., & Jackson, S. E. (1984). Patterns of burnout among a national sample of public contact workers. *Journal of Health and Human Resources Administration, 7*, 189–212.
Maslach, C., Schaufeli, W. B., & Leiter, M. P. (2001). Job burnout. *Annual Review of Psychology, 52*, 397–422.
Matyssek, A. K. (2010). *Gesund Führen. Das Handbuch für schwierige Situationen*. Norderstedt: Books on Demand.
McGregor, D. (1960). *The human side of enterprise*. New York: McGraw-Hill.

Meaney, M., & Pung, C. (2008). McKinsey global results. Creating organizational transformations. *The McKinsey Quarterly*, 1–7.
Meck, G. (7. März 2010). Burnout-Syndrom. Erschöpft, ausgebrannt, arbeitsmüde. *Frankfurter Allgemeine Zeitung*, 35–36.
Miller, A. R., & Yeager, R. J. (1993). Managing change: A corporate application of rational-emotive therapy. *Journal of Rational-Emotive and Cognitive-Behavior Therapy*, 11(2), 65–76.
Nicholson, N., & Johns, G. (1985). The absence culture and the psychological contract: Who's in control of absence? *Academy of Management Review*, 10, 397–407.
Nolen-Hoeksema, S. (1995). Gender differences in coping with depression across the lifespan. *Depression*, 3, 81–90.
Oreg, S. (2005). Personality, context, and resistance to organizational change. *European Journal of Work and Organizational Psychology*, 15, 73–101.
Papageorgiou, C., Panagiotakos, D. B., Pitsavos, C., Tsetsekou, E., Kontoangelos, K., & Stefanadis, C., et al. (2006). Association between plasma inflammatory markers and irrational beliefs. The ATTICA epidemiological study. *Progress in Neuro-Psychopharmacology and Biological Psychiatry*, 30, 1496–1530.
Pavlin, D. J., Sullivan, M. J., Freund, P. R., & Roesen, K. (2005). Catastrophizing: A risk factor for postsurgical pain. *Clinical Journal of Pain*, 21, 83–90.
Piderit, S. K. (2000). Rethinking resistance and recognizing ambivalence. A multidimensional view of attitudes toward an organizational change. *Academy of Management Review*, 25, 783–794.
Quick, J. C., Quick, J. D., Nelson, D. L., & Hurrell, J. J. (1997). *Preventive stress management in organizations*. Washington, DC: American Psychological Association.
Rosenstiel, L. von, & Comelli, G. (2003). *Führung durch Motivation. Mitarbeiter für Unternehmensziele gewinnen*. München: Vahlen.
Sackett, P. R. (2007). Revisiting the origins of the typical-maximum performance distinction. *Human Performance*, 20(3), 179–185.
Sagie, A., Birati, A., & Tziner, A. (2002). Assessing the costs of behavioral and psychological withdrawal: A new model and an empirical illustration. *Applied Psychology: An International Review*, 51, 67–89.
Sauerland, M., & Kaltner, S. (2014). *Turn resistance to change into openness to change*. Hamburg: Windmühle. http://gruene-reihe.de/?p=982. Zugegriffen: 14. Nov. 2015.
Sauerland, M., & Müller, G. F. (2012). *Selbstmotivierung und kompetente Mitarbeiterführung*. Hamburg: Windmühle.
Sauerland, M., & Reich, S. (2014). Dysfunctional Job-Cognitions – über die Folgen dysfunktionalen Denkens im Arbeitskontext. In M. Sauerland & O. Braun (Hrsg.), *Aktuelle Trends in der Personal- und Organisationsentwicklung* (S. 28–61). Hamburg: Windmühle.
Sauerland, M., Walch, D., & Hammerl, M. (2007). Akzeptanz von Werkzeugen in Planung und Schulung. In W. A. Günthner (Hrsg.), *Neue Wege in der Automobillogistik. Die Vision der Supra-Adaptivität* (S. 413–425). Berlin: Springer.
Sauerland, M., et al. (Hrsg.). (2013). *Selbstmotivierung für Sportler: Motivationstechniken zur Leistungssteigerung im Sport*. Balingen: Spitta.
Sauerland, M., Soyeaux, H., & Krajewski, J. (2015) in press. The influence of dysfunctional cognitions on job-related experiences and behavior – a cognitive-behavioral perspective. *International Journal of Human Resources Development and Management*.

Shaw, B. F., & Segal, Z. V. (1999). Efficacy, indications, and mechanisms of action of cognitive therapy of depression. In D. S. Janowsky (Hrsg.), *Psychotherapy indications and outcomes* (S. 173–195). Washington, DC: American Psychological Association.
Sherin, J., & Caiger, L. (2004). Rational-emotive behavior therapy: A behavioral change model for executive coaching? *Consulting Psychology Journal: Practice and Research, 56*(4), 225–233.
Silverglade, L., Tosi, D. J., Wise, P. S., & D'Costa, A. (1994). Irrational beliefs and emotionality in adolescents with and without bronchial asthma. *Journal of General Psychology, 121,* 199–207.
Solomon, A., Haaga, D. A. F., Brody, C., Kirk, L., & Friedman, D. G. (1998). Priming irrational beliefs in recovered depressed individuals. *Journal of Abnormal Psychology, 107,* 440–449.
Solomon, A., Arnow, B. A., Gotlib, I. H., & Wind, B. (2003). Individualized measurement of irrational beliefs in remitted depressives. *Journal of Clinical Psychology, 59,* 439–455.
Sonnentag, S., & Frese, M. (2002). Performance concepts and performance theory. In S. Sonnentag (Hrsg.), *Psychological management of individual performance* (S. 3–25). Chichester: Wiley.
Srivastava, N., & Nair, S. K. (2011). Androgyny and rational emotive behaviour as antecedents of managerial effectiveness. *Vision: The Journal of Business Perspective, 15*(4), 303–314.
Strickland, B. R., Hale, W. D., & Anderson, L. K. (1975). Effects of induced mood state on activity and self-reported affect. *Journal of Consulting and Clinical Psychology, 43,* 587.
Szentagotai, A., & Jones, J. (2010). The behavioral consequences of irrational beliefs. In D. David, S. J. Lynn, & A. Ellis (Hrsg.), *Rational and irrational beliefs in human functioning and disturbances.* Oxford: Oxford University Press.
Tan, B.-L. (2004). Irrational beliefs and job stress among occupational therapists in Singapore. *British Journal of Occupational Therapy, 67,* 303–309.
Terjesen, M. D., DiGiuseppe, R., & Gruner, P. (2000). A review of REBT research in alcohol treatment. (Invited Manuscript). *Journal of Rational-Emotive & Cognitive-Behavior Therapy, 18*(3), 165–178.
Trexler, L. D., & Karst, T. O. (1972). Rational-emotive therapy, placebo, and no-treatment effects on public speaking anxiety. *Journal of Abnormal Psychology, 74,* 60–67.
Ursin, H., & Eriksen, H. R. (2004). The cognitive activation theory of stress. *Psychoneuroendocrinology, 29,* 567–592.
Vroom, V. H. (1964). *Work and motivation.* New York: Wiley.
Wanberg, C. R., & Banas, J. T. (2000). Predictors and outcomes of openness to changes in a reorganizing workplace. *Journal of Applied Psychology, 85,* 132–142.
Weinert, A. B. (2004). *Organisations- und Personalpsychologie. Lehrbuch.* Weinheim: Beltz.
Wine, J. (1971). Test anxiety and direction of attention. *Psychological Bulletin, 76,* 92–104.
Ziegler, D. J., & Leslie, Y. M. (2003). A test of the ABC model underlying rational emotive behavior therapy. *Psychological Reports, 92,* 235–240.
Zok, K. (2004). Krank zur Arbeit: Einstellungen und Verhalten von Frauen und Männern beim Umgang mit Krankheit am Arbeitsplatz. In B. Bandura, H. Schröder, & C. Vetter (Hrsg.), *Fehlzeiten-Report 2007, Arbeit, Geschlecht und Gesundheit, Zahlen, Daten, Analysen aus allen Branchen der Wirtschaft* (S. 121–144). Berlin: Springer.

Unveröffentlichte Abschlussarbeiten

Gaukel, S. (2015). Arbeitstitel: *Der Einfluss dysfunktionaler Kognitionen auf Entscheidungsverhalten*. Unveröffentlichte Dissertation an der Universität Koblenz-Landau.
Lauer, S. (2015). *Eine empirische Untersuchung über den Zusammenhang von dysfunktionalen Kognitionen und beruflicher Leistung*. Unveröffentlichte Diplomarbeit an der Universität Koblenz-Landau.
Parusel, F. (2014). *Eine explorative Fragebogenstudie zum Zusammenhang von dysfunktionalen Kognitionen und Berufserfolg*. Unveröffentlichte Bachelorarbeit an der Universität Koblenz-Landau.
Prokein, T. (2014). *Denn die Seele wird von den Vorstellungen gefärbt. Eine empirische Untersuchung des Zusammenhangs dysfunktionaler Kognitionen und Leistung*. Unveröffentlichte Bachelorarbeit an der Universität Koblenz-Landau.
Reich, S. (2012). *Ich denke, also bin ich ... demotiviert. Auswirkungen dysfunktionaler Kognitionen auf die Mitarbeitermotivation und ihre Konsequenzen für die Unternehmenspraxis*. Unveröffentlichte Bachelorarbeit an der Universität Koblenz-Landau.
Reich, S. (2015). *Konzeption und Evaluation einer Intervention zur Reduktion dysfunktionaler Kognitionen im organisationalen Kontext*. Unveröffentlichte Masterarbeit an der Universität Koblenz-Landau.
Schnöger, L. (2014). *Reine Kopfsache. Auswirkungen dysfunktionaler Kognitionen auf das Problemlöseverhalten*. Unveröffentlichte Bachelorarbeit an der Universität Koblenz-Landau.
Steger, M. (2014). *Der Einfluss dysfunktionaler Denkmuster auf Burnout-Symptome*. Unveröffentlichte Bachelorarbeit an der Universität Koblenz-Landau.
Swidersky, S. (2014). *Die Macht der Gedanken. Eine Untersuchung zum Zusammenhang von dysfunktionalen Kognitionen und Schulleistung*. Unveröffentlichte Bachelorarbeit an der Universität Koblenz-Landau.
Wolkersdorfer, M. (2014). *Don't worry, be happy. Eine Untersuchung der Zusammenhänge von dysfunktionalen Kognitionen und Studienleistungen*. Unveröffentlichte Bachelorarbeit an der Universität Koblenz-Landau.
Zupp, K. (2013). *Negative Gedanken als Leistungsbremse. Der Zusammenhang zwischen dysfunktionalen Kognitionen und kognitiver Leistung*. Unveröffentlichte Diplomarbeit an der Universität Koblenz-Landau.

Fazit und Zusammenfassung 6

6.1 Fazit

Dem faszinierenden und noch weitgehend unerforschten Gebiet der (dys-)funktionalen Kognitionen in der Arbeitswelt kann eine florierende Zukunft mit Revolutionspotenzial bevorstehen. Bei den dysfunktionalen Gedanken handelt es sich oft um den einzigen unmittelbar beeinflussbaren Parameter im Zusammenspiel der leistungsbedingenden Faktoren. Es ist offensichtlich, dass es zahlreiche Lebens- und Aufgabenbereiche gibt, in denen Personen unnötig leistungsschwach sind, allein aufgrund bestimmter unhinterfragter Glaubenssätze, irrationaler Überzeugungen oder zielwidriger dysfunktionaler Kognitionen, deren Beseitigung offenkundig ein ungeahntes Leistungspotenzial freizusetzen vermag.

So kann ein kognitiv-behavioral ausgerichtetes Interventionskonzept zur Reduktion dysfunktionaler Gedanken zum Beispiel dazu beitragen, eine realistische Situationseinschätzung zu begünstigen, komplexes und sophistiziertes Denken zu fördern, eine Erweiterung und Flexibilisierung des Verhaltensrepertoires herbeizuführen, die Kompetenzwahrnehmung zu schärfen und die Toleranz für Belastungen und emotionale Spannungen zu erhöhen.

Die ersten Konturen eines Programms zur strategischen Gestaltung des menschlichen Denkens werden sichtbar. Und dies ist erst der Anfang. Mit der Weiterentwicklung von Techniken zur Reduktion dysfunktionaler Kognitionen und zum systematischen Aufbau funktionaler Überzeugungen wird es möglich werden, immer bessere Mind-Designs zu entwickeln, vielleicht nicht nur auf individueller, gruppaler, organisationaler oder kultureller Ebene, sondern vielleicht sogar in

Bezug auf speziestypische, panhumane, anthropomorphe, d. h. menschliche, allzu menschliche Denk- und Erkenntnisstrukturen.

6.2 Zusammenfassung

Im Folgenden werden die wesentlichen Inhalte des Buchs nochmals stichpunktartig zusammengefasst:

Was sind dysfunktionale Kognitionen?

Gedanken sind dysfunktional, wenn sie
- das Handlungsrepertoire einer Person massiv einschränken,
- das Verhalten einer Person allgemein hemmen oder
- den Zielen und Bedürfnissen einer Person zuwiderlaufen.

Berufsbezogene dysfunktionale Kognitionen sind mentale Prozesse, welche
- die Motivation und Leistung von Mitarbeitern und Führungskräften negativ beeinflussen und
- zu Verhaltensweisen führen, die berufsbezogen-individuellen und organisationalen Zielen entgegenstehen.

Wie äußern sich dysfunktionale Kognitionen?

Typische Beispiele sind:
- „Ich kann kein Mathe!"
- „Ich muss das allein schaffen!"
- „Andere wollen mich ausnutzen!"
- „Hätte ich doch einen anderen Job gewählt!"
- „Die anderen hier sind besser als ich!"
- „Entweder so oder gar nicht!"

Welche Denkmuster liegen dysfunktionalen Kognitionen zugrunde?

- dichotomes Denken
- kontrafaktisches Denken
- unfaire soziale Vergleiche
- perfektionistisches Denken
- Minimierung

6.2 Zusammenfassung

- Übergeneralisierungen
- Übertreibungen
- ungeprüfte Projektionen
- Mind-Reading
- Du-Musst-/Du-Sollst-Imperative
- Katastrophisierungen
- Ruminieren
- reduktionistisches Denken
- heuristisches Denken
- selektive Wahrnehmung

In welchen Bereichen äußern sich dysfunktionale Kognitionen?

- Leistung
  - z. B. „Ich kann kein Mathe!"
  - z. B. „Ich bin der Schlechteste hier!"
- Stress und Burnout
  - z. B. „Ich muss das alleine schaffen!"
  - z. B. „Andere mögen mich nur, wenn ich Leistung erbringe!"
- Absentismus
  - z. B. „Das Leben sollte möglichst anstrengungslos sein!"
  - z. B. „Arbeit macht krank!"
- Präsentismus
  - z. B. „Krankheit ist ein Zeichen von Schwäche!"
  - z. B. „Alle sind enttäuscht von mir, wenn ich nicht erscheine!"
- Change-Prozesse
  - z. B. „Kann nicht alles so bleiben, wie es war?"
  - z. B. „Die Aufgabe muss auf eine bestimmte Art erledigt werden!"
- Teamwork
  - z. B. „Es ist nicht gut, wenn man von anderen abhängig ist!"
  - z. B. „Auf andere kann man sich nicht verlassen!"
- Altersmythen
  - z. B. „So etwas kann man in meinem Alter nicht mehr leisten!"
  - z. B. „Ich habe genug geleistet – das sollen die Jungen machen!"
- Entscheidungen
  - z. B. „Das kommt mir bekannt vor, das nehmen wir!"
  - z. B. „Das ist mir selbst schon mal passiert, da müssen wir massiv gegensteuern!"

Wie können dysfunktionale Kognitionen reduziert werden?

Mithilfe eines 5-Step Models zum Mind-Designing können dysfunktionale Kognitionen reduziert werden:
1. Die Relativität von Überzeugungen erkennen
   Loslösung von der Idee wahrer Gedanken
   Methode: z. B. Vergegenwärtigung kultureller Normunterschiede
2. Motive und Ziele identifizieren
   Definieren, was man will
   Methode: z. B. Phantasiefragen, Verstärkerliste
3. Ideale zielführende Gedanken ermitteln
   Hypothetisch analysieren, welche Gedanken- und Verhaltensmuster günstig wären
   Methode: z. B. Reverse Storytelling
4. Eigene Gedankenmuster entlarven
   Ermitteln, ob und inwieweit die eigenen Gedankenmuster dysfunktional sind
   Methode: z. B. Worst-Case-Szenarios, Sokratische Methode, Wirkungsanalyse, Verhaltensexperiment, intentionales Verstoßen
5. Ideale Gedanken mit der Funktion eigener Gedankenmuster kombinieren
   Funktionale Gedanken- und Verhaltensmuster entwickeln und trainieren
   Methode: z. B. Reaktionsliste, Ressourcen-Reload

Motivation
- Freizeitorient. schonlally
- Respach ve arbeits zutorialet

Printed by Books on Demand, Germany